Nicholas R. Elsberry

PILION

Reisefûhrer 2025

Entdecken Sie Griechenlands versteckte Juwelen, atemberaubende Dörfer und den zeitlosen Charme des europäischen Küstenparadieses

Inhaltsverzeichnis

SCANNEN SIE DIESEN QR-CODE, UM ZUGRIFF AUF DIE KARTE VON PILION ZU

ERHALTEN

SCANNEN SIE DIESEN QR-CODE, UM ZUGANG ZU DEN ATTRAKTIONEN UND DER ÄSTHETIK VON PILION ZU

ERHALTEN

Kapitel 1: Planen Sie Ihre Reise nach Pilion

1.1 Anreise nach Pilion: Schritt-für-Schritt-Anleitung

Die Planung Ihrer Reise nach Pilion mag sich anfangs etwas entmutigend anfühlen – ich weiß, dass es so war, als ich anfing, mich damit zu beschäftigen. Es ist nicht so einfach, wie in einen Zug oder Bus in eine Großstadt zu steigen, aber das macht den Charme aus. Pilion liegt etwas versteckt, eingebettet zwischen Bergen und Meer, was bedeutet, dass die Anreise Teil des Abenteuers ist.

Das erste, was man verstehen muss, ist, dass Pilion nicht nur ein Ort ist; Es ist eine ganze Region – ein Abschnitt bergiger Küste mit mehreren Dörfern, die verstreut sind. Wenn wir also davon sprechen, "nach Pilion zu kommen", geht es in Wirklichkeit darum, die Gateway-Städte zu erreichen und sich dann auf den Weg zu deinem gewählten Dorf oder Strandort zu machen.

Schritt eins: Fliegen Sie nach Griechenland: Die meisten internationalen Reisenden landen auf dem internationalen Flughafen Athen (Eleftherios Venizelos). Dies ist der größte Flughafen Griechenlands, der gut mit Europa und zunehmend auch mit Nordamerika und Asien verbunden ist. Athen ist ein typisches geschäftiges Zentrum – überfüllt, aber effizient. Wenn Sie aus Europa kommen, finden Sie möglicherweise auch Direktflüge nach Thessaloniki, das etwas näher an Pilion liegt, aber auf internationalen Strecken weniger häufig angeboten wird.

Schritt zwei: Reisen Sie nach Volos, der Gateway-StadtVon Athen aus müssen Sie nach Volos gelangen, der Stadt, die den Bergdörfern und Küstengebieten von Pilion am nächsten liegt. Volos liegt etwa 320 Kilometer von Athen entfernt, also sind es

etwa vier Stunden Fahrt. Es gibt mehrere Möglichkeiten, diese Reise zu unternehmen:

- **Mit dem Bus**: KTEL, Griechenlands Fernbusverbindung, bietet regelmäßige Routen von Athen nach Volos an. Die Busse sind komfortabel und erschwinglich, können sich aber aufgrund von Stopps auf dem Weg etwas langsam anfühlen. Ich erinnere mich, wie ich einmal am frühen Morgen den Bus nahm und den langsamen Wechsel von der Zersiedelung in die üppige griechische Landschaft genoss.
- **Mit dem Zug**: Griechenlands Zugverbindungen sind nicht die schnellsten oder zuverlässigsten des Landes, aber die Bahnstrecke von Athen nach Volos bietet einige malerische Aussichten. Züge können manchmal verspätet oder selten sein, wenn Sie also einen engen Zeitplan haben, ist dies möglicherweise nicht die beste Wahl.

- **Mit dem Mietwagen**: Ein Auto in Athen zu mieten und nach Volos zu fahren, bietet Flexibilität und die Möglichkeit, unterwegs an kleinen Städten und Sehenswürdigkeiten anzuhalten. Die Autobahnen sind im Allgemeinen in gutem Zustand, und es ist eine einfache Fahrt für diejenigen, die sich mit dem Fahren im Ausland wohlfühlen. Ehrlich gesagt fand ich dies die befreiendste Art zu reisen, obwohl das Parken in Volos schwierig werden kann.

Wenn Sie nach Thessaloniki fliegen, ist Volos etwa 2,5 bis 3 Autostunden südlich. Von dort aus sind die Optionen ähnlich – ein Auto zu mieten oder einen Bus zu nehmen.

Schritt drei: Von Volos zu den Dörfern von PilionVolos fungiert als deine Startrampe. Von hier aus erstrecken sich die Bergdörfer und Strände von Pilion über die gesamte Halbinsel. Die Transportmöglichkeiten

variieren, und Sie sollten planen, je nachdem, wohin Sie genau gehen möchten.

- **Busdienste**: KTEL betreibt regionale Busse, die Volos mit einigen der wichtigsten Dörfer wie Makrinitsa und Portaria verbinden. Der Zeitplan kann spärlich sein, vor allem in der Nebensaison, also schauen Sie im Voraus nach und seien Sie auf begrenzte Optionen vorbereitet.
- **Taxis und private Transfers**: Wenn Sie es lieber bequem mögen, können Sie in Volos Taxis mieten, um direkt zu Ihrem Ziel zu gelangen. Die Preise variieren, aber es ist definitiv die schnellste und am wenigsten stressige Option, wenn Sie sich nicht mit Busfahrplänen auseinandersetzen möchten.
- **Autofahren**: Wenn Sie ein Auto gemietet haben, haben Sie Glück. Die kurvenreichen Straßen durch das Pilion-Gebirge können etwas herausfordernd, aber lohnend sein. Die Aussicht ist spektakulär und ein Stopp auf

dem Weg ist einfach. Nehmen Sie sich einfach Zeit und vermeiden Sie es vielleicht, nach Einbruch der Dunkelheit zu fahren.

Manchmal hat man das Gefühl, dass es ein wenig Geduld erfordert, sich in Pilion fortzubewegen – die Busse fahren nicht nach einem engen Fahrplan und die Beschilderung ist nicht immer klar. Aber andererseits besteht ein Teil des Charmes von Pilion darin, langsamer zu werden und die Reise in sich aufzunehmen.

1.2 Die besten Flughäfen und Verkehrsknotenpunkte in der Nähe

Der nächstgelegene Flughafen zu Pilion ist mit Abstand Athens **International Airport (ATH).** Wenn Sie international reisen, ist dies die beste Wahl, wenn es um Zugänglichkeit und Flugoptionen geht. Es ist ein großer Flughafen mit modernen Einrichtungen, vielen Geschäften und Restaurants, so dass sich die Ankunft hier reibungslos anfühlt.

Von Athen aus muss man, wie ich bereits erwähnt habe, nach Norden nach Volos fahren, der Hauptstadt in der Nähe von Pilion. Volos selbst hat einen kleinen Flughafen, **den Nea Anchialos National Airport (VOL),** aber er ist begrenzt – hauptsächlich saisonale Inlandsflüge und einige Charterflüge. Wenn Sie Glück haben, finden Sie hier vielleicht einen Flug von Athen oder Thessaloniki, aber es ist nicht das Haupttor.

Für internationale Besucher fühlt es sich oft wie eine doppelte Reise an – fliegen Sie nach Athen oder Thessaloniki und nehmen Sie dann einen Bus, Zug oder fahren Sie nach Volos. Die gute Nachricht ist, dass Volos eine lebendige Stadt mit Verbindungen ist, so dass sie sich gut als Drehscheibe eignet.

Wenn Sie aus Griechenland oder Europa kommen, können Sie auch die Anreise mit der Fähre in Betracht ziehen, wenn Sie einen Inselbesuch mit Pilion kombinieren möchten. Zum Beispiel gibt es auf der Insel Skiathos einen Flughafen mit Flügen von Athen und einigen europäischen Städten, und von Skiathos aus können Sie eine Fähre zum Festland nehmen und sich dann auf den Weg nach Pilion machen.

Der Busbahnhof Volos ist der wichtigste regionale Verkehrsknotenpunkt, und von dort aus können Sie Busse zu verschiedenen Zielen in Pilion nehmen. Es ist kompakt, aber funktional – wenn Sie spät am Tag ankommen, kann der Service eingeschränkt sein, daher lohnt es sich, die Buszeiten im Voraus zu überprüfen.

Wenn Sie vorhaben, die Strände oder Bergdörfer von Pilion an mehreren Orten zu besuchen, sollten Sie in Betracht ziehen, ein oder zwei Nächte in Volos zu bleiben, um ein Gefühl für den Nahverkehr zu bekommen und Ihre nächsten Schritte zu planen.

Der Flughafen Thessaloniki (SKG) ist die zweitbeste Option, wenn Sie aus Nordeuropa oder dem Balkan fliegen. Es ist ein größerer Flughafen als Volos, mit mehr internationalen Verbindungen. Von dort sind es etwa 2,5 bis 3 Stunden Fahrt nach Volos.

Denke daran, dass die öffentlichen Verkehrsmittel von Thessaloniki nach Volos seltener sind als von Athen aus, ein Auto zu mieten, wenn du dort landest.

1.3 Beste Reisezeit: Saisonale Highlights und Wetterführer

Zu wissen, wann Sie Pilion besuchen sollten, prägt Ihr Erlebnis wirklich. Die Region ist etwas Besonderes, weil sie Berge und Meer miteinander verbindet – so bekommt man ein bisschen von beiden Welten mit. Das bedeutet, dass das Wetter je nach Jahreszeit sehr unterschiedlich ist und jede Jahreszeit ihren eigenen Reiz hat.

Der Frühling (März bis Mai) ist ehrlich gesagt eine meiner Lieblingszeiten für eine Reise. Das Wetter wird wärmer, aber noch nicht heiß, und die Landschaft strotzt nur so vor Wildblumen und Grün. Es fühlt sich ruhiger an – weniger Touristen – und die Bergluft ist frisch. Ich erinnere mich, wie ich von Vogelgezwitscher und dem Duft von Zirbenholz aufgewacht bin. Zum Baden an den Stränden ist es vielleicht noch etwas kühl, aber die Wanderwege sind perfekt. Außerdem ist Ostern in Griechenland eine große Sache, und die lokalen Feste in Pilion können sehr charmant sein, wenn auch klein und intim.

Der Sommer (Juni bis August) bringt das klassische warme Wetter, das jeder mit Griechenland verbindet – heiß und sonnig, perfekt für Strandtage. In den Küstendörfern von Pilion herrscht reges Treiben von Besuchern, vor allem von Familien und Griechen, die aus den Städten fliehen. Das Meer erwärmt sich im Juli schön, ideal zum Schwimmen, Kajakfahren oder Segeln. Aber die Bergdörfer können eine Pause von der Hitze bieten, da sie dank der Höhenlage kühler sind. Wenn Sie lebhafte Tavernen und eine gesellige Szene mögen, ist der Sommer Ihre Zeit. Seien Sie einfach bereit für Menschenmassen und höhere Preise.

Der Herbst (September bis November) ist eine weitere ausgezeichnete Wahl. Die Menschenmassen lichten sich, aber das Wetter bleibt bis weit in den Oktober hinein angenehm warm. Es ist die

Weinlesezeit, so dass in den Weinbergen rund um Pilion reges Treiben herrscht. Das Wandern im Herbst bietet atemberaubende Aussichten mit wechselnden Laubfarben – Rot-, Gold- und Brauntöne, gemischt mit dem tiefen Grün der Kiefer. Im September und Anfang Oktober ist das Meer noch schwimmwürdig. Ehrlich gesagt fand ich die Herbstatmosphäre entspannter und authentischer, mit Einheimischen, die wieder in ihren Routinen sind, aber die Besucher herzlich willkommen heißen.

Der Winter (Dezember bis Februar) ist die ruhigste und kälteste Zeit für einen Besuch. In einigen Bergdörfern wird Schnee beschneit, und in Pilion gibt es sogar ein kleines Skigebiet. Es ist eine ganz andere Erfahrung – gemütliche Feuer, weniger Touristen und die Möglichkeit, die andere Seite von Pilion zu sehen. Einige Hotels und Restaurants schließen für die Saison, daher ist es wichtig, sorgfältig zu planen. Aber wenn Sie Ruhe und den Charme eines winterlichen Bergdorfes suchen, kann es ganz magisch sein.

Was das Wetter betrifft, so herrscht an der Küste von Pilion ein mediterranes Klima mit heißen, trockenen Sommern und milden, nassen Wintern. Die Berge sind kühler und erhalten im Winter mehr Regen und Schnee. Wenn Sie Outdoor-Aktivitäten planen, sollten Sie das Wetter immer näher vor Ihrer Reise überprüfen. In den Bergen kann es sich schnell ändern.

1.4 Packtipps für Berg- und Küstenabenteuer

Das Packen für Pilion ist ein kleiner Balanceakt, denn je nachdem, wo Sie Ihre Tage verbringen, wandern Sie morgens auf schroffen Bergpfaden und entspannen Sie sich am Nachmittag an einem Strand.

Denken Sie zunächst an Schichten. Auch im Sommer kann es in den Bergen morgens und abends kühl sein, daher ist eine leichte Jacke oder Fleece praktisch. Im Frühling und Herbst ist dies unerlässlich. Für Wintergäste ist warme Kleidung ein Muss, vor allem, wenn Sie Ski fahren oder verschneite Dörfer erkunden möchten.

Schuhe sind ein weiteres großes Thema. Bequeme Wanderschuhe oder Wanderschuhe sind ein Muss, wenn Sie die Wanderwege erkunden oder durch Dörfer mit Kopfsteinpflasterstraßen schlendern möchten. Sandalen oder Flip-Flops eignen sich hervorragend für die Strände und Dorfpromenaden, aber verlassen Sie sich nicht auf sie zum Wandern.

Wenn Sie schwimmen oder Wassersport betreiben möchten, sollten Sie auf jeden Fall Ihre Badebekleidung, Ihren Sonnenhut und Ihre Sonnencreme einpacken. Die Sonne kann überraschend stark sein, auch wenn sie sich nicht brennend anfühlt. Eine gute Sonnenbrille ist auch eine kluge Wahl.

Ein kleiner Tagesrucksack hilft sehr – etwas, um Wasser, Snacks, vielleicht eine Kamera oder ein Fernglas zu transportieren. Vergessen Sie nicht eine nachfüllbare Wasserflasche; Leitungswasser ist in der Regel sicher, aber beim Wandern ist es praktisch, sein eigenes Wasser mitzunehmen.

Abends, vor allem in Bergdörfern, kann die Temperatur sinken, also packen Sie wärmere Kleidung ein – vielleicht einen Pullover oder einen Schal. Auch im Sommer kam mir das bei nächtlichen Spaziergängen gelegen.

Wenn Sie im Frühling oder Herbst kommen, packen Sie eine wasserdichte Jacke oder einen Regenschirm ein. In den Bergen des Pilion regnet es mehr als an der Küste, und das Wetter kann sich unerwartet ändern.

Oh, und ein kleiner Tipp: Ein universelles Netzteil für Ihre Elektronik ist immer gut, da griechische Stecker der europäische Standard-Zweizinker sind.

Alles in allem geht es bei der Planung Ihrer Reise nach Pilion darum, die einzigartige Mischung aus Bergcharme und Entspannung am Meer zu genießen. Der Weg dorthin erfordert ein wenig Anstrengung, belohnt Sie aber mit einem Reiseziel, das sich wie ein verstecktes Juwel anfühlt - reich an Natur, Kultur und authentischer griechischer Gastfreundschaft. Vielleicht liegt es ein wenig abseits der ausgetretenen Pfade, aber genau deshalb lohnt es sich. Und ehrlich gesagt, wenn Sie einmal dort sind, wird Ihnen die Reise überhaupt nichts ausmachen.

Kapitel 2: Navigieren auf dem Pilion – Öffentliche Verkehrsmittel und Fortbewegung

Wenn du zum ersten Mal darüber nachdenkst, dich in Pilion fortzubewegen, mag das ehrlich gesagt ein wenig entmutigend erscheinen. Die Bergregion erstreckt sich entlang der Ägäisküste mit kurvenreichen Straßen, charmanten Dörfern, die über die Hänge verstreut sind, und einer Mischung aus modernen Städten und unberührter Natur. Es ist keine geschäftige Stadt mit U-Bahnen oder häufigen Zügen. Stattdessen ist es langsamer, etwas traditioneller – was für viele Reisende Teil des Charmes ist. Aber das bedeutet nicht, dass die Fortbewegung nicht reibungslos verlaufen kann. Sie müssen nur wissen, was Sie erwartet und wie Sie planen.

Die Transportszene von Pilion ist eine Mischung aus öffentlichen Bussen, Taxis, Mietfahrzeugen und sogar gelegentlichen Booten, wenn Sie mit den nahe gelegenen Inseln verbunden sein möchten. Jede hat ihre Eigenheiten, Vorteile und ein paar Herausforderungen. Ich erinnere mich an das erste Mal, als ich in einen lokalen Bus stieg – er war leiser als ich erwartet hatte, ein wenig unberechenbar, aber perfekt funktionsfähig, sobald ich mich daran gewöhnt hatte. Hier ist ein detaillierter Blick darauf, wie man sich in Pilion zurechtfindet, wie jemand, der es geschafft hat, ein wenig zu kämpfen hatte und auf dem Weg dorthin einige Abkürzungen gefunden hat.

2.1 Überblick über die öffentlichen Verkehrsmittel in Pilion

Pilion ist nicht an ein ausgedehntes Schienennetz angebunden, so dass Busse und Straßen den Verkehr dominieren. Es gibt ein solides Bussystem, das die meisten Dörfer und Städte verbindet – aber es ist weit entfernt von dem, was man in einer Großstadt finden würde. Die Busse hier sind mal alt, mal neu, und ihre Fahrpläne können ein bisschen... Flexibel. Das heißt, wenn Sie Pünktlichkeit auf die Minute genau mögen, brauchen Sie vielleicht Geduld.

Die meisten Busse verkehren zwischen Volos, der nächsten größeren Stadt, und wichtigen Dörfern wie Portaria, Makrinitsa, Tsagarada und den Küstenorten wie Agios Ioannis oder Milopotamos. Das wichtigste Busunternehmen, das das Gebiet bedient, ist KTEL, das die Regionalbusse betreibt. Diese Busse bieten wichtige Verbindungen für Einheimische und Reisende gleichermaßen, aber sie fahren nicht ständig – vielleicht ein paar Mal am Tag, je nach Route und Jahreszeit.

Die Busse fahren in der Regel früh am Morgen ab und fahren am frühen Abend ab, vor allem außerhalb des Sommers. In der Hochsaison finden häufiger Abfahrten statt, die oft an den Rhythmus der Touristen angepasst sind. Dennoch ist es eine gute Idee, die neuesten Zeitpläne zu überprüfen, bevor Sie sich auf etwas verlassen. Manchmal habe ich etwas länger gewartet als geplant – aber ehrlich gesagt war es eine schöne Ausrede, um innezuhalten und die Aussicht zu genießen.

Abgesehen von Bussen gibt es jede Menge Taxis, aber hier funktionieren sie etwas anders als in größeren Städten. Sie sind nicht überall, aber sie sind zuverlässig, wenn Sie eine direkte, flexible Fahrt benötigen. Dann gibt es die Möglichkeit, ein Auto oder einen Roller zu mieten, was viele Reisende angesichts der kurvenreichen Straßen und verstreuten Dörfer der Region bevorzugen. Es ist nicht unbedingt der einfachste Ort, um herumzulaufen, wenn Sie eine Strecke zurücklegen möchten - der Reiz von Pilion liegt darin, dass Sie es in Ihrer Freizeit erkunden, aber es erfordert ein wenig Planung.

Boote und Fähren spielen eine untergeordnete Rolle für diejenigen, die von den Küstenstädten zu den nahe gelegenen Inseln wie Skiathos oder Skopelos springen möchten, aber dies ist eher eine Nischenoption. Wenn Sie an Insel-Hopping denken, sollten Sie diese Segmente separat planen.

Kurz gesagt: Die Verkehrsmittel auf Pilion sind völlig in Ordnung, wenn man die Erwartungen anpasst. Es ist nicht schnell oder nahtlos wie eine städtische U-Bahn, aber es ist real und geerdet – ein bisschen wie die Bergdörfer selbst. Ich denke, Reisende stellen oft fest, dass eine Verlangsamung, um diesem Rhythmus zu entsprechen, das gesamte Erlebnis bereichert.

2.2 So nutzen Sie lokale Busse: Routen, Fahrpläne und Tipps

Die Nutzung lokaler Busse in Pilion ist ziemlich einfach, wenn Sie den Dreh raus haben - aber es lässt sich nicht leugnen, dass es im Vorfeld ein wenig Aufwand erfordert.

Die Hauptabfahrtsorte befinden sich in Volos, das als regionales Drehkreuz fungiert. Wenn Sie nach Griechenland fliegen, werden Sie wahrscheinlich entweder mit dem Bus von Athen oder Thessaloniki nach Volos gelangen oder vielleicht mit dem Auto. Von dort aus finden Sie Busse zu den meisten Dörfern von Pilion.

Die Routen verlaufen entlang zweier Hauptkorridore: einer entlang der Küste und einer weiter oben in den Bergen. Die Küstenroute verbindet Orte wie Agios Ioannis, Damouchari und Milopotamos, während die Bergroute traditionelle Dörfer wie Portaria, Makrinitsa und Tsagarada erreicht. Einige Busse verbinden die beiden Routen sogar an wichtigen Punkten, was hilfreich ist, um die gesamte Halbinsel zu erkunden.

Fahrpläne sind am Busbahnhof Volos und auf den offiziellen KTEL-Websites verfügbar, aber Sie sollten sich vor Ihrer Reise noch einmal informieren – die Fahrpläne können sich ein wenig verschieben, insbesondere außerhalb der Hochsaison. Es ist erwähnenswert, dass die Busse außerhalb der Spitzenzeiten oder an bestimmten Feiertagen möglicherweise nicht nach strengen Fahrplänen fahren.

Beim Einsteigen können Sie in der Regel Tickets beim Fahrer oder am Bahnhof in Volos kaufen. Die Preise sind sehr vernünftig und es ist eine großartige

Möglichkeit, Ihr Reisebudget zu erweitern. Die Busse selbst sind ziemlich einfach – manchmal klimatisiert, manchmal nicht – aber im Allgemeinen sauber und sicher. Eine Sache, die Sie erwarten können, ist, dass auch Einheimische diese Busse oft nutzen, so dass Sie einen Einblick in den Alltag bekommen.

Die Sitzplätze werden in der Regel nach dem Prinzip "Wer zuerst kommt, mahlt zuerst" vergeben. Es ist höflich, Sitzplätze für ältere oder behinderte Passagiere aufzugeben. Wenn Sie Gepäck haben, ist der Platz begrenzt, also packen Sie leicht oder bereiten Sie sich darauf vor, Ihre Taschen auf Ihrem Schoß zu halten.

Für eine reibungslosere Fahrt sollten Sie die Hauptverkehrszeiten vermeiden, wenn die Einheimischen die Busse für die Arbeit nutzen. Der Vormittag und der frühe Nachmittag sind oft ruhiger und besser für Touristen. Ich erinnere mich, dass ich mich einmal mit ein paar Taschen in einen überfüllten Bus quetschte und stehen musste – keine große Sache, aber definitiv weniger komfortabel auf kurvigen Bergstraßen.

Die Kommunikation mit den Fahrern ist minimal – viele sprechen nicht viel Englisch, daher kann es praktisch sein, Ihr Ziel auf Griechisch zu schreiben oder eine Karte auf Ihrem Handy zu haben. Manchmal wirkt eine einfache Geste mit dem Finger Wunder.

Ein Trick, den ich mir angeeignet habe, war, die Namen der Dörfer und Haltestellen auf Griechisch zu lernen – es hilft, sie phonetisch zu kennen. Auch Einheimische an Bushaltestellen um Hilfe zu bitten, kann ein Lebensretter sein. Die Menschen hier sind im Allgemeinen freundlich und hilfsbereit, wenn man sich mit einem Lächeln nähert.

An manchen Orten halten die Busse nur, wenn jemand wartet oder wenn die Fahrgäste danach fragen – seien Sie also wachsam und bereit zu signalisieren, wenn sich Ihre Haltestelle nähert. Scheuen Sie sich nicht, "σταματήστε" (stamatíste) zu rufen – es bedeutet "Stopp" – oder verwenden Sie einfach das kleine Kabel oder den Knopf, wenn der Bus eines hat.

Alles in allem sind die Busse in Pilion eine charmante und authentische Art, sich fortzubewegen, wenn du geduldig und flexibel bist. Sie sind nicht die schnellsten oder luxuriösesten, aber sie sind preisgünstig und ermöglichen es Ihnen, sich mit dem langsameren Tempo der Region zu verbinden.

2.3 Taxi- und Mitfahrdienste: Was Sie wissen müssen

Wenn Busse etwas zu unberechenbar klingen, bieten Taxis eine bequemere – wenn auch teurere – Möglichkeit, sich in Pilion fortzubewegen. Taxis gibt es nicht überall wie in den Großstädten, aber Sie finden sie in den Hauptstädten und nach Vereinbarung. Manchmal organisieren Einheimische Taxis telefonisch oder über Hotels.

Im Gegensatz zu städtischen Gebieten mit Ride-Hailing-Apps wie Uber gibt es in Pilion kein weit verbreitetes App-basiertes Ridesharing. In Volos oder größeren Städten finden Sie vielleicht einen Service, aber in den Bergdörfern von Pilion funktionieren die Taxis meist auf die altmodische Art und Weise: Telefonieren oder Rufen Sie eines in der Stadt an.

Die Taxipreise in Pilion sind reguliert, können aber je nach Tageszeit, Entfernung und Verhandlung variieren. Es ist ratsam, sich vor Ihrer Reise auf einen Preis zu einigen, um Überraschungen zu vermeiden – vor allem, wenn Sie an abgelegene Orte reisen. Die Taxis fahren hier in der Regel mit Taxametern, aber die Taxameter werden nicht immer konsequent genutzt. Fragen Sie im Zweifelsfall Einheimische oder Ihre Unterkunft nach den typischen Tarifen.

Ein Tipp: Wenn Sie spät in der Nacht oder sehr früh reisen, müssen Sie aufgrund der eingeschränkten Verfügbarkeit damit rechnen, etwas mehr zu bezahlen. Und da es nicht viele Taxis gibt, ist es ein kluger Schachzug, im Voraus zu buchen, insbesondere während der Touristensaison.

Ich fand Taxis sehr nützlich, wenn man Gepäck transportiert, mit einer Gruppe reist oder wenn Busse einfach keine Punkte verbinden. Die Autofahrer kennen die Straßen in der Regel genau – was angesichts der kurvenreichen Bergpfade von Pilion beruhigend ist.

Taxis sind zwar flexibler, aber auch weniger umweltfreundlich und teurer als öffentliche Busse oder die Anmietung eines eigenen Fahrzeugs. Dennoch sind sie es für einige Teile Ihrer Reise wert, vor allem, wenn Sie sich entspannen und keine Busfahrpläne erstellen möchten.

Denken Sie daran, dass das Trinkgeld für Taxifahrer nicht obligatorisch ist, aber geschätzt wird – es ist üblich, den Fahrpreis aufzurunden oder ein paar Euro hinzuzufügen.

Für diejenigen, die sich über die Sicherheit wundern: Taxis in Pilion sind im Allgemeinen sicher und zuverlässig. Die Region ist nicht für Betrügereien oder unsichere Situationen bekannt, aber behalten Sie wie immer ein Auge auf Ihre Sachen und bleiben Sie wachsam.

2.4 Mieten eines Autos oder Motorrollers: Vor- und Nachteile und Buchung

Wenn du zu den Reisenden gehörst, die Freiheit mögen – keine Zeitpläne, keine Wartezeiten – dann ist die Anmietung eines Autos oder Motorrollers in Pilion vielleicht die beste Wahl. Ehrlich gesagt, ist dies die Art und Weise, wie sich die meisten Besucher fortbewegen, vor allem, wenn Sie über die Hauptrouten hinaus erkunden oder in Dörfern in Ihrem eigenen Tempo verweilen möchten.

Die Straßen in Pilion können eng und kurvig sein, manchmal steil, so dass das Fahren hier Konzentration und Selbstvertrauen erfordert, besonders wenn Sie nicht an Bergstraßen gewöhnt sind. Ich erinnere mich, wie ich zum ersten Mal herumgefahren bin – die Aussicht hat mich mehr abgelenkt, als ich erwartet hatte! Aber wenn man sich einmal daran gewöhnt hat, macht es ganz viel Spaß.

Vorteile der Anmietung eines Fahrzeugs:

- Volle Flexibilität bei Ihrem Zeitplan
- Fähigkeit, abgelegene Dörfer und versteckte Strände zu erreichen
- Bequemer Transport von Gepäck, Lebensmitteln oder Picknickzubehör
- Es ist einfacher, die gesamte Halbinsel auf einer Reise zu erkunden

Zu berücksichtigende Nachteile:

- Das Fahren in den Bergen kann eine Herausforderung sein, insbesondere für unerfahrene Fahrer
- Das Parken in kleinen Dörfern kann eng oder begrenzt sein
- Mietkosten und Kraftstoffkosten summieren sich

- Während der Hochsaison können Straßen und Parkplätze stark frequentiert sein

Roller oder Motorräder sind eine beliebte Wahl für Alleinreisende oder Paare und bieten einen bequemen Zugang zu winzigen Straßen und weniger Ärger mit dem Parken. Für Roller ist jedoch ein Führerschein und Komfort beim Fahren auf zwei Rädern erforderlich, was möglicherweise nicht für jeden geeignet ist.

Autos können ganz einfach in Volos oder über Online-Plattformen vor Ihrer Reise gebucht werden. Es ist ratsam, in den Sommermonaten früh zu reservieren, um Überraschungen zu vermeiden. Internationale Lizenzen sind erforderlich, und die Versicherungsoptionen variieren, also lesen Sie die Bedingungen sorgfältig durch.

Achten Sie bei der Buchung auf versteckte Gebühren wie zusätzliche Fahrer, Kraftstoffrichtlinien oder Kilometerbegrenzungen. Einige Unternehmen verlangen möglicherweise eine Kaution oder eine Kreditkartensperre.

Fahrtipps für Pilion:

- In scharfen Kurven und engen Straßen geht es langsam an
- Verwenden Sie niedrigere Gänge, wenn Sie steile Hänge hinunterfahren
- Achten Sie auf lokale Verkehrsgewohnheiten und gelegentlich streunende Tiere
- Halten Sie Ihr Telefon aufgeladen und GPS-bereit (Offline-Karten helfen an Orten ohne Signal)

Wenn Sie nicht selbst fahren möchten, bieten einige Autovermietungen Fahrer zum Mieten an – ein guter Mittelweg zwischen Taxis und Selbstfahrern.

Ich denke, wenn man ein Auto oder einen Roller mietet, eröffnet sich das echte Pilion-Erlebnis. Sie werden über versteckte Kapellen, geheime Strände und Aussichtspunkte stolpern, die mit Bussen einfach nicht erreicht werden können.

Fazit Unterwegs in Pilion

Um es also zusammenzufassen – oder vielleicht nicht ganz zusammenzufassen, denn das Reisen hierher ist etwas fließender als das – ist der Transport auf Pilion eine gemischte Tüte. Busse bringen Sie mit kleinem Budget an viele Orte, erfordern aber Geduld und etwas Flexibilität. Taxis sorgen für mehr Komfort, kosten aber mehr und sind nicht immer auf Abruf. Das Mieten eines eigenen Fahrzeugs bringt Freiheit und Zugang, erfordert aber Fahrkünste und Planung.

Für mich fühlte es sich so an, als wäre es am besten, alle drei zu mischen: Busse für die Hauptrouten, Taxis, wenn die Zeit knapp oder das Gepäck schwer war, und ein Mietfahrzeug, wenn ich wirklich in die versteckten Ecken dieses wunderschönen Berges eintauchen wollte.

Egal, wie du dich bewegst, Pilion regt dazu an, ein wenig langsamer zu werden – das ist Teil der Magie hier. Die Reise zwischen den Orten ist ebenso Teil des Erlebnisses wie die Ziele selbst. Nehmen Sie sich also Zeit, genießen Sie die Aussicht und lassen Sie sich von den kurvenreichen Straßen zu unerwarteten Entdeckungen führen.

Kapitel 3: Die besten Attraktionen, die Sie nicht verpassen dürfen

3.1 Entdecken Sie die traditionellen Dörfer: Makrinitsa, Portaria, Tsagarada

Wenn Sie an Pilion denken, ist das erste Bild, das Ihnen in den Sinn kommt, normalerweise die charmanten, zeitlosen Dörfer, die am Berghang thronen, in Grün gehüllt und mit roten Ziegeldächern übersät sind. Und ehrlich gesagt, dafür gibt es einen guten Grund. Diese Dörfer – Makrinitsa, Portaria und Tsagarada – sind das Herz und die Seele von Pilion. Sie bieten nicht nur einen Einblick in das traditionelle griechische Bergleben. Sie laden Sie ein, sich darauf einzulassen.

Makrinitsa, oft als "Balkon des Pilion" bezeichnet, macht seinem Spitznamen alle Ehre mit Panoramablicken, die Sie zum Stillstand bringen.

Ich erinnere mich, wie ich auf dem zentralen Platz stand und über die weitläufige Stadt Volos und den schimmernden Pagasitischen Golf dahinter blickte. Es schien ruhiger zu sein, als ich es für einen so beliebten Ort erwartet hatte, was ihm einen gewissen friedlichen Charme verlieh. Die Kopfsteinpflasterstraßen schlängeln sich durch Steinhäuser, die seit Jahrhunderten stehen, und jede Ecke birgt eine kleine Überraschung – einen alten Brunnen, einen geschnitzten Holzbalkon oder einen freundlichen Einheimischen, der ein Lächeln mit sich teilt.

Bei einem Spaziergang durch Makrinitsa ist es unmöglich, die kleinen Museen und traditionellen Cafés zu übersehen, die sich in diesen jahrhundertealten Gebäuden verstecken. Sie können an einer Tasse starken griechischen Kaffees nippen, während Sie den Duft der Pinien und die frische Bergluft einatmen. Das Dorf fühlt sich an wie ein langsamer Atemzug – eine Chance, innezuhalten und alles in sich aufzunehmen. Ehrlich gesagt habe ich mich gefragt, wie ein Ort so authentisch bleiben kann, wenn so viele Touristenorte diesen Touch verlieren.

Dann gibt es noch Portaria, nur eine kurze Autofahrt entfernt, aber mit einer ganz anderen Persönlichkeit. Es ist etwas lebhafter, vor allem abends, wenn sich die Tavernen mit Lachen und Musik füllen. Das Dorf liegt an einem steilen Hang, und wenn man die engen Gassen auf und ab geht, erhascht man einen Blick auf Meer und Wald, manchmal gleichzeitig. Mir gefiel, wie Portaria Bergtraditionen mit einer etwas moderneren Atmosphäre verbindet – es gibt ein sanftes Summen, aber nie zu viel.

Die Architektur in Portaria ist atemberaubend, mit beeindruckenden Villen, die auf den Reichtum hinweisen, den einige Familien in der Vergangenheit hatten - aus lokalem Stein und Holz gebaut und sorgfältig gepflegt. Und wenn Sie im Winter kommen, verleihen die schneebedeckten Dächer dem Ganzen ein Postkarten-Aussehen, fast wie eine Szene aus einem Märchen.

Tsagarada ist wahrscheinlich mein Favorit, wenn auch nur wegen der riesigen Platane auf dem zentralen Platz. Dieser Baum soll über tausend Jahre alt sein – können Sie sich das vorstellen? Unter den ausladenden Ästen fühlt man sich mit Jahrhunderten von Dorfbewohnern verbunden, die das Gleiche getan haben. Das Dorf selbst ist üppig und grün, umgeben von Kastanien- und Walnussbäumen, und es fühlt sich an, als wäre die Natur hier besonders nah.

Der Charme von Tsagarada ist ruhiger, vielleicht etwas rustikaler. Kleine Gasthäuser, versteckte Kapellen und verschlungene Pfade laden zum Erkunden ein. Wenn Sie die Idee mögen, kleine Ecken abseits der ausgetretenen Pfade zu entdecken, wird Tsagarada Sie begeistern. Es herrscht ein entspanntes Gefühl, fast so, als würde sich die Zeit hier verlangsamen – obwohl das ehrlich gesagt ein Gefühl ist, das man in weiten Teilen von Pilion hat.

Jedes Dorf bietet etwas Einzigartiges, teilt aber die Wärme und echte Gastfreundschaft, für die Pilion bekannt ist. Beeilen Sie sich nicht. Nehmen Sie sich Zeit, um zu schlendern, mit Einheimischen zu plaudern und vielleicht einen Happen in einer versteckten Taverne zu essen. Es sind diese kleinen Momente, die diese Dörfer unvergesslich machen.

3.2 Strände und Küstenjuwelen: Mylopotamos, Fakistra, Agios Ioannis

Okay, Pilion besteht also nicht nur aus Bergen und Dörfern. Es geht auch um die Küste, wo die mit Pinien bewachsenen Hänge in türkisfarbenes Wasser stürzen. Die Strände hier fühlen sich an wie Geheimnisse, die darauf warten, entdeckt zu werden – einige beliebter, andere perfekt für diejenigen, die sich nach Einsamkeit sehnen. Lassen Sie uns über ein paar Juwelen sprechen: Mylopotamos, Fakistra und Agios Ioannis.

Mylopotamos Beach ist einer dieser Orte, die aussehen, als gehöre sie auf eine Postkarte. Eine Sichel aus Kieselsteinen und Sand, geküsst von kristallklarem Wasser, dessen Farbe von Smaragdgrün zu Saphirblau wechselt. Was mich hier beeindruckt hat, war, wie natürlich sich alles anfühlt. Der Strand ist nicht überfüllt, zumindest nicht bei meinem Besuch, was es einfach machte, ein ruhiges Plätzchen im Schatten der Tamariskenbäume zu finden. Es gibt ein kleines Café in der Nähe, in dem man ein kaltes Getränk und frische Meeresfrüchte trinken kann, und ehrlich gesagt, dort zu essen, während man die Boote faul vorbeitreiben sieht, schien der perfekte Weg zu sein, um langsamer zu werden.

Fakistra Beach hingegen fühlt sich etwas wilder an. Es ist etwas versteckter und erreicht es über einen steilen Pfad, der sich durch dichten Wald und felsiges Gelände hinunterschlängelt. Diese Mühe zahlt sich aus – der Strand liegt in einer Bucht, umgeben von Klippen und viel Grün. Als ich ankam, schien es fast unberührt zu sein, mit weichem Sand und ruhigem, klarem Wasser. Die Wellen hier sind nicht so kräftig, so dass es sich hervorragend zum Schwimmen oder einfach nur zum Treiben eignet. Es gibt eine winzige, familiengeführte Taverne, in der die Fischgerichte frisch vom morgendlichen Fang zubereitet werden. Vielleicht möchten Sie nicht mehr gehen, wenn Sie einmal hier angekommen sind.

Dann ist da noch Agios Ioannis, wahrscheinlich der am weitesten entwickelte der drei, aber immer noch sehr authentisch. Es ist beliebt bei Familien und Paaren, die Entspannung am Strand in Kombination mit guten Annehmlichkeiten suchen. Das Dorf in der Nähe bietet viele Restaurants, Cafés und Geschäfte, aber der Strand selbst fühlt sich geräumig und einladend an. Ich erinnere mich, wie ich bei Sonnenuntergang am Ufer entlang spazierte, der Himmel in sanften Rosa- und Violetttönen gestrichen war, und dachte, wie perfekt es für einen romantischen Abend war.

Das Besondere an Agios Ioannis ist die Abwechslung – du kannst am Strand faulenzen, die nahe gelegenen Wanderwege erkunden oder dich im Windsurfen versuchen, wenn der Wind auffrischt. Es gibt eine gewisse Energie, die im Kontrast zur Ruhe von Mylopotamos und Fakistra steht, aber auf eine gute Art und Weise. Es ist, als hätte man seinen Kuchen und isst ihn auch.

Wenn du deine Strandtage in Pilion planst, würde ich sagen, dass du alles abmischen solltest. Verbringen Sie einen entspannten Vormittag in Mylopotamos, einen ruhigen Nachmittag in Fakistra und vielleicht einen lebhaften Abend in Agios Ioannis. Oder gehen Sie einfach, wohin Ihre Lust und Laune Sie führt. Das ist das Schöne an der Küste von Pilion – jeder Strand hat seine eigene Persönlichkeit, und sie sind alle einen Besuch wert.

3.3 Wasserfälle und natürliche Quellen: ein Fotoparadies

Wenn Sie sich auch nur ansatzweise für die Natur interessieren, werden Sie die Wasserfälle und Quellen von Pilion absolut faszinierend finden. Ehrlich gesagt, gehören sie zu den besten Naturschönheiten, die ich in Griechenland gesehen habe, vielleicht überall. Die Art und Weise, wie Wasser moosige Felsen hinunterrauscht und sich in klaren Becken sammelt, hat etwas an sich, das sich wie eine Kunst der Natur anfühlt.

Einer der berühmtesten Wasserfälle in der Gegend ist der Milopotamos-Wasserfall in der Nähe des Dorfes Milies. Der Weg dorthin ist ein Teil des Spaßes – Sie folgen einem Pfad durch Kastanienwälder, und wenn Sie Glück haben, hören Sie das ferne Rauschen der Wasserfälle, bevor Sie sie sehen. In dem Moment, in dem man die Lichtung betritt, öffnet sich der Blick. Das Wasser stürzt felsige Stufen hinunter und plätschert in ein flaches Becken, in das die Menschen oft ihre Füße tauchen, um sich abzukühlen. Ich erinnere mich, dass ich dachte, dass dieser Ort gleichzeitig wild und einladend war.

Nicht weit von Milopotamos befindet sich der Wasserfall von Kissos, eine kleinere, aber ebenso charmante Kaskade in der Nähe des Dorfes Kissos. Es ist etwas weniger besucht, was bedeutet, wenn Sie einen Moment der Ruhe und vielleicht ein Foto ohne jemanden im Bild wünschen, ist dies Ihr Ort. Das

Geräusch des fallenden Wassers, das dichte Grün ringsum und der gelegentliche Schmetterling, der vorbeiflitzt, machen es zu einem sinnlichen Genuss.

Natürliche Quellen sind ein weiteres Highlight von Pilion. Die Quelle von Agios Nikolaos, in der Nähe des Dorfes Pinakates, ist einer dieser erfrischenden Stopps. Das Wasser ist kühl und kristallklar – perfekt, um die Flasche nach einer Wanderung wieder aufzufüllen. Einheimische sagen oft, dass das Quellwasser heilende Eigenschaften hat, obwohl ich es nicht mit Sicherheit sagen kann. Was ich sagen kann, ist, dass es sich anfühlte, daraus zu trinken, als würde man pure Bergmagie trinken.

Wenn Sie ein Fotograf oder einfach nur ein Naturliebhaber mit einer Handykamera sind, bieten diese Wasserfälle und Quellen unzählige Möglichkeiten. Das Licht dringt durch die Bäume auf eine Weise, die magische Muster auf dem Wasser erzeugt, und Sie können Regenbögen sehen, die sich im Nebel bilden, wenn Sie zur richtigen Zeit da sind. Aber schnappen Sie nicht einfach nach und rennen

Sie – nehmen Sie sich einen Moment Zeit, um zuzuhören, die Gischt auf Ihrem Gesicht zu spüren und vielleicht sogar einzutauchen, wenn Sie mutig genug sind. Es ist nicht immer warm, aber es ist auf jeden Fall belebend.

Die Wege, die zu diesen Naturwundern führen, variieren von einfachen Spaziergängen bis hin zu raueren Wanderungen, sodass Sie auswählen können, was zu Ihrer Stimmung und Ihrem Fitnesslevel passt. Denken Sie nur daran, gutes Schuhwerk zu tragen, denn einige Wege können vor allem nach Regen rutschig werden. Und vergessen Sie nicht Ihre Kamera – obwohl diese Orte ehrlich gesagt am besten live erlebt werden, nicht nur durch ein Objektiv.

3.4 Museen und Kulturzentren: Tauchen Sie ein in die lokale Geschichte

Der Reiz von Pilion liegt nicht nur in seinen Landschaften und Dörfern. Es ist auch tief in Geschichte und Kultur verwurzelt, und es gibt mehrere Museen und Kulturzentren, die Ihnen helfen, tiefer in dieses reiche Erbe einzutauchen.

Das Eisenbahnmuseum Pilion in Milies ist ein guter Ausgangspunkt, wenn Sie von Geschichte und alten Zügen fasziniert sind. Die Schmalspurbahn, die Volos mit Milies verbindet, ist ein Erlebnis für sich, aber das Museum zeigt die technischen Wunder und Geschichten dahinter. Hier finden Sie alte Fotos, alte Tickets und sogar restaurierte Teile der Züge. Ich erinnere mich, wie sehr ich die Mühe zu schätzen wusste, die es gekostet hat, diese Eisenbahn durch solch bergiges Gelände zu bauen.

In der Nähe befindet sich das Volkskunstmuseum von Portaria, eine Fundgrube für traditionelles Kunsthandwerk, Kleidung und Werkzeuge. Die Exponate sind so angeordnet, dass sie die Geschichte des Alltagslebens in Pilion im Laufe der Jahrhunderte erzählen. Von handgewebten Stoffen bis hin zu alten landwirtschaftlichen Geräten ist es eine praktische Geschichtsstunde, die sich lebendig und nicht verstaubt anfühlt. Manchmal gibt es

Workshops, in denen lokale Kunsthandwerker das Weben oder Töpfern vorführen – eine Gelegenheit, die ich fast verpasst hätte, aber am Ende geliebt habe.

Das Museum für zeitgenössische Kunst in Volos liegt zwar nicht streng in den Bergen, aber nah genug für einen Tagesausflug und bietet eine andere Perspektive auf die griechische Kultur. Es ist ein Ort, an dem traditionelle Themen auf moderne Ausdrucksformen treffen und zeigen, wie Pilion und die umliegende Region heute Künstler inspirieren. Wenn Sie den Kontrast zwischen Vergangenheit und Gegenwart sehen möchten, ist dieses Museum ein Muss.

Ein weiteres kulturelles Highlight sind die lokalen Kirchen, die in der Region verstreut sind und zum Teil aus der byzantinischen Zeit stammen. Die Kirche Agios Ioannis Prodromos in Makrinitsa zum Beispiel hat wunderschöne Fresken und eine Atmosphäre, die zum stillen Nachdenken einlädt. Auch wenn Sie nicht religiös sind, bieten diese

Kirchen einen Einblick in das spirituelle Leben, das die Gemeinden von Pilion geprägt hat.

Die Erkundung dieser kulturellen Orte verleiht Ihrer Reise Tiefe. Sicher, die natürliche Schönheit ist atemberaubend, aber das Verständnis der Menschen, die hier lebten, ihres Handwerks, ihres Glaubens und ihrer Herausforderungen, macht die Erfahrung reicher. Und keine Sorge – diese Museen und Zentren heißen Besucher jeden Alters und jeder Interessenlage willkommen, oft mit freundlichen Führern, die gerne Geschichten erzählen, die es nicht immer in die Broschüren schaffen.

Das ist das Herz der Top-Attraktionen von Pilion. Es ist ein Ort, an dem sich Tradition und Natur verflechten, wo ruhige Dörfer auf glitzerndes Meer treffen und wo die Geschichte so lebendig ist wie die rauschenden Bäche. Vielleicht verweilen Sie länger auf einem Dorfplatz, nehmen ein extra Bad in einer versteckten Bucht oder sitzen einfach ruhig und in Gedanken versunken an einem Wasserfall. Das ist die Magie von Pilion – es lädt Sie ein, langsamer zu werden und jeden Moment zu genießen, ohne Eile, ohne Aufhebens.

Und ganz ehrlich? Das ist etwas, was sich jeder Reisende erhofft zu finden.

Kapitel 4: Abenteuer und Outdoor-Aktivitäten

In Pilion geht es nicht nur um charmante Dörfer oder ruhige Strände. Es ist ein Spielplatz für Outdoor-Liebhaber. Ganz ehrlich, egal ob Sie ein ernsthafter Abenteurer sind oder einfach nur die frische Bergluft genießen, Pilion bietet eine überraschende Vielfalt an Möglichkeiten, nach draußen zu gehen und sich zu bewegen. Ich erinnere mich, dass ich dachte, wie unerwartet es war, eine solche Mischung aus zerklüfteten Pfaden, türkisfarbenem Wasser und sogar schneebedeckten Hängen an einem Ort zu finden. Die Berge und das Meer, Seite an Seite, bilden einen Spielplatz, den man nicht oft sieht.

In diesem Kapitel erfahren Sie, wie Sie die Natur von Pilion genießen können: Wandern auf den ausgedehnten Wanderwegen, Mountainbiken auf malerischen Wegen, Wassersport in der Ägäis und ja, sogar Winteraktivitäten wie Skifahren und

Schneeschuhwandern. Hier ist wirklich für jeden etwas dabei.

4.1 Wandern auf den Pilion-Wegen: Routen für alle Niveaus

Wenn Sie schon immer einmal in das Herz der griechischen Natur eintauchen wollten, ist das Wandern auf den Wanderwegen des Pilion der richtige Weg. Diese Wege sind Teil dessen, was Pilion zu etwas ganz Besonderem macht – sie erstrecken sich von dichten Wäldern und Wasserfällen bis hin zu Küstendörfern und historischen Steinbrücken. Hier finden Sie Routen für jedes Fitnesslevel und jedes Interesse, egal ob Sie einen gemütlichen Spaziergang oder eine anspruchsvolle Tageswanderung planen.

Eines der ersten Dinge, die einem auffallen, ist, wie gut markiert und gepflegt viele der Wege sind. Die Einheimischen sind stolz auf ihre Wege, und Sie können oft die ikonischen gepflasterten Treppen und alten Saumpfade sehen, die die Dörfer seit

Jahrhunderten verbinden. Es fühlte sich an, als würde man durch die Zeit gehen, ehrlich gesagt.

Für Anfänger oder Gelegenheitswanderer ist der Weg von Tsagarada zum Strand von Mylopotamos ein schöner Einstieg. Es sind knapp zwei Stunden, meist bergab, mit üppigem Grün über den Köpfen und dem mediterranen Duft in der Luft. Der Weg schlängelt sich an Wasserfällen vorbei und endet mit einem atemberaubenden Strand, der sich wie eine Belohnung für die Anstrengung anfühlt. Ich erinnere mich, dass ich dort eine Pause einlegte, mich sowohl erfrischt als auch ein wenig überrascht fühlte, wie einfach es war.

Wenn Sie es etwas anspruchsvoller mögen, bietet die Wanderung von Makrinitsa hinunter zur Küste bei Agios Ioannis eine Mischung aus Höhenunterschieden und Küstenblicken. Es ist eine etwa vierstündige Wanderung, aber Sie können die abwechslungsreichen Landschaften von Pilion kennenlernen. Du durchquerst Wälder, Olivenhaine und siehst schließlich das Meer am Horizont schimmern. Manchmal wird der Weg steil oder felsig, so dass gutes Schuhwerk ein Muss ist, aber das Erlebnis ist jeden Schritt wert.

Für die wirklich Abenteuerlustigen gibt es den kompletten Pilion Circuit, den einige Wanderer in Etappen über mehrere Tage hinweg bewältigen. Dies erfordert eine solide Vorbereitung – Karten, Vorräte und vielleicht einen lokalen Führer, wenn Sie sich nicht sicher sind. Sie treffen auf abgelegene Dörfer, zerklüftetes Berggelände und endlose Panoramablicke. Es ist nicht die Art von Spaziergang, für die man sich beiläufig entscheidet, aber wenn man die Zeit und Energie hat, ist es unvergesslich.

Ein skurriles Detail, das ich schätzte, war der gelegentliche alte Brunnen oder die Quelle entlang der Strecken, die sich perfekt zum Auffüllen von Wasserflaschen eigneten. Es hat etwas Befriedigendes, nach einem anstrengenden Aufstieg kühles Bergwasser zu trinken. Aber nehmen Sie genug Wasser mit, vor allem im Sommer, denn trotz des Schattens kann es in der Sonne warm werden.

Und noch etwas: Manchmal fühlen sich die Trails ruhiger an, als man erwartet, fast heimlich. Bei einer Wanderung am frühen Morgen kam ich nur an einer Handvoll anderer Wanderer vorbei. Die Stille war tief, nur das Zwitschern der Vögel und das Knirschen der Schritte auf dem Stein durchbrochen. Doch nur ein paar Dörfer entfernt finden Sie lebhafte Tavernen und freundliche Gesichter. Es ist eine schöne Balance zwischen Einsamkeit und Gemeinschaft.

Egal, ob Sie einen kurzen Spaziergang oder eine Ganztageswanderung unternehmen, die Wanderwege von Pilion laden Sie ein, langsamer zu werden, tief durchzuatmen und sich mit der Landschaft zu verbinden. Vielleicht entdecken Sie unterwegs Ihren eigenen Lieblingsweg.

4.2 Mountainbike-Abenteuer: Die besten Wege und Verleihe

Mountainbiken auf Pilion wird immer beliebter – und das aus gutem Grund. Das abwechslungsreiche Gelände bietet alles, von sanften Küstenwegen bis hin zu schroffen Berganstiegen. Es ist ein Sport, der sowohl für Adrenalinjunkies als auch für diejenigen geeignet ist, die eine gemütlichere Fahrt durch die Natur bevorzugen.

In Städten wie Volos, Makrinitsa und Portaria finden Sie mehrere Fahrradverleihe. Sie bieten alles, von robusten Mountainbikes bis hin zu Modellen mit elektrischer Unterstützung, die auf den steileren Teilen des Berges eine entscheidende Rolle spielen können. Ich habe eines der E-Bikes ausprobiert, und ehrlich gesagt machten die Hügel mehr Spaß als eine lästige Pflicht.

Eine der am meisten empfohlenen Routen ist die Fahrt von Portaria nach Milies. Dieser Weg führt Sie durch dichte Wälder, auf alten Pfaden und vorbei an traditionellen Steinbrücken. Es sind etwa 15

Kilometer, meist bergab oder flach, was es ideal für einen Halbtagesausflug macht. Die Route endet im charmanten Dorf Milies, wo Sie eine Pause einlegen können, um einen Kaffee oder einen Snack zu sich zu nehmen, bevor Sie sich auf den Rückweg machen.

Wenn Sie es etwas anspruchsvoller angehen möchten, ist der Weg von Makrinitsa hinauf zum Gipfel in der Nähe des Skizentrums steil und felsig und bietet atemberaubende Ausblicke. Es ist definitiv nichts für Anfänger, aber für erfahrene Fahrer ist es ein aufregender Anstieg mit lohnenden Ausblicken. Ich erinnere mich an die Mischung aus Erschöpfung und Heiterkeit, als ich den Gipfel erreichte; es fühlte sich an, als würde man ein kleines Stück Pilion erobern.

Für Familien oder Gelegenheitsfahrer ist der Küstenweg bei Agios Ioannis perfekt. Der Weg schmiegt sich mit sanften Steigungen an die Küste und bietet viele Plätze zum Anhalten und Schwimmen oder Entspannen. Es fühlte sich an, als würde man zwei Abenteuer – Radfahren und Strand-Hopping – an einem Tag kombinieren.

Die meisten Verleihe bieten Helme an und können Routen vorschlagen, die auf Ihrem Können basieren. Es ist ratsam, Einheimische oder Guides nach den Bedingungen des Weges zu fragen, bevor du dich auf den Weg machst – das Wetter und die letzten Wartungsarbeiten können die Dinge schnell ändern.

Es gibt auch eine wachsende Gemeinschaft von Mountainbike-Gruppen in der Gegend. Die Teilnahme an einer Gruppenfahrt kann eine großartige Möglichkeit sein, andere Fahrer zu treffen und versteckte Wege zu entdecken. Ich habe einmal an einer Morgenfahrt teilgenommen, die von einem örtlichen Geschäft organisiert wurde, und es war eine der besten Möglichkeiten, Pilion außerhalb der üblichen Touristenattraktionen zu sehen.

Achten Sie beim Radfahren auf Fußgänger und Wanderer – diese Wege werden gemeinsam genutzt, und jeder ist unterwegs, um die natürliche Schönheit zu genießen. Nehmen Sie auch Wasser und grundlegende Reparaturwerkzeuge mit; Selbst die zuverlässigsten Fahrräder können einen schlechten Tag haben.

Letztendlich geht es beim Mountainbiken in Pilion um Freiheit. Der Wind in den Haaren, der Geschwindigkeitsrausch bei einer Abfahrt und die ruhigen Momente, in denen man innehält, um die Aussicht zu genießen. Es ist eine perfekte Mischung aus Aufregung und Ruhe.

4.3 Wassersport an der Ägäisküste: Kajakfahren, Segeln und Schwimmen

Wenn Sie sich mehr für Wasserabenteuer interessieren, bietet die ägäische Küste von Pilion viel zu tun. Das Nebeneinander von Bergen und Meer schafft einen einzigartigen Spielplatz. Ich erinnere mich an das erste Mal, als ich in das kristallklare Wasser des Strandes von Mylopotamos eintauchte – es fühlte sich an wie eine geheime Oase.

Kajakfahren ist hier überraschend beliebt. Die ruhigen Buchten und versteckten Buchten machen es ideal für Paddler aller Niveaus. Mehrere Verleihe entlang der Küste in der Nähe von Stränden wie Agios Ioannis und Kala Nera bieten Kajaks und geführte Touren an. Beim Paddeln entlang der zerklüfteten Küste entdeckt man versteckte Höhlen, einsame Strände und die Möglichkeit, Meereslebewesen zu beobachten. Es ist eine stille Befriedigung, durch das Wasser zu gleiten, mit der Sonne im Gesicht und dem Rauschen sanfter Wellen.

Wenn Sie sich für das Segeln interessieren, bieten lokale Anbieter Bootsverleihe und Tagesausflüge an. Wenn Sie entlang der Küste segeln, erhalten Sie eine neue Perspektive auf Pilion - die Bergkulisse, die endloses blaues Wasser umrahmt. Es ist friedlich, aber belebend. Vielleicht machen Sie sogar einen Zwischenstopp auf einer der nahe gelegenen Sporadeninseln, um zu schwimmen oder eine schnelle Erkundung zu unternehmen.

Schwimmen ist natürlich ein großer Anziehungspunkt. Die Strände von Pilion variieren von Sandstränden wie Agios Ioannis, die bei Familien und Schwimmern beliebt sind, bis hin zu felsigen Buchten wie Fakistra, die mehr Privatsphäre und einen rauen Charme bieten. Ich fand Fakistra besonders unvergesslich – nicht nur das klare Wasser, sondern auch die Art und Weise, wie die Klippen und Pinien den Strand umarmten, fühlte sich fast unberührt an.

Schnorcheln kann hier sehr lohnend sein. Es ist zwar nicht der belebteste Schnorchelplatz des Mittelmeers, aber Sie können bunte Fische und interessante Felsformationen finden. Erwarten Sie nur kein vollständiges Unterwasser-Korallenspektakel; Es geht mehr um die ruhige, natürliche Umgebung.

Windsurfen und Paddeln sind saisonal möglich, vor allem, wenn die Meltemi-Winde im Sommer auffrischen. Sie sorgen für einen zusätzlichen Nervenkitzel für alle, die mehr Action auf dem Wasser wollen.

Ein praktischer Hinweis: Einige Strände verfügen über Einrichtungen wie Sonnenliegen und Cafés, andere sind jedoch völlig natürlich, also bringen Sie mit, was Sie brauchen. Die Mischung aus Bequemlichkeit und Wildheit macht den Charme von Pilion aus.

Wenn Sie neu im Wassersport sind, bieten die meisten Verleihe Anfängerkurse oder geführte Erlebnisse an. Ich würde empfehlen, mindestens einmal eine geführte Kajaktour auszuprobieren – es ist eine großartige Möglichkeit, sicherer zu lernen und zu sehen.

Egal, ob Sie sich in der Sonne entspannen, mit dem Kajak erkunden oder die Küste besegeln möchten, die Gewässer von Pilion laden Sie ein. Es ist eine erfrischende Ergänzung zu den Abenteuern in den Bergen.

4.4 Aktivitäten im Winter: Skifahren und Schneeschuhwandern in Pilion

Es mag einige überraschen, aber Pilion ist nicht nur ein Sommerziel. Im Winter verwandelt sich der Berg in einen verschneiten Spielplatz, vor allem rund um das Skizentrum in der Nähe von Chania.

Das Skizentrum Pilion ist im Vergleich zu den Alpen oder anderen großen Skigebieten bescheiden, bietet aber eine charmante, entspannte Atmosphäre. Es ist perfekt, wenn Sie das Skifahren oder Snowboarden ohne die überwältigenden Menschenmassen genießen möchten. Die Pisten sind hauptsächlich für Anfänger und Fortgeschrittene geeignet, so dass es ein großartiger Ort für Familien oder diejenigen ist, die zum ersten Mal Wintersport betreiben.

Die Skisaison dauert in der Regel von Dezember bis März, je nach Schneefall. Obwohl es in der Gegend keine weitläufigen Lifte oder langen Abfahrten gibt, macht die Aussicht das wieder wett. Stellen Sie sich vor, Sie fahren Ski, das Meer ist in der Ferne sichtbar und die Pinienwälder um Sie herum – es ist eine ungewöhnliche und schöne Kombination.

Schneeschuhwandern ist eine weitere Möglichkeit, die Winterlandschaft zu erkunden. Geführte Schneeschuhtouren schlängeln sich durch ruhige, schneebedeckte Wälder und bieten ein langsameres, intensiveres Erlebnis als Skifahren. Es ist friedlich und ermöglicht es Ihnen, sich mit der ruhigen Winterwildnis zu verbinden.

Wenn Sie nicht gerne Ski fahren oder Schneeschuhwandern gehen, ist der Winter immer noch eine schöne Zeit, um Pilion zu besuchen. In den Dörfern geht es gemütlich zu, mit knisternden Kaminen und lokalen Tavernen, in denen herzhafte Mahlzeiten serviert werden. Ich erinnere mich an die herzliche Gastfreundschaft in Portaria an einem Winterabend – es war der perfekte Kontrast zur kühlen Natur.

Eines sollten Sie im Hinterkopf behalten: Die Einrichtungen im Skizentrum sind etwas einfach, daher ist es am besten, im Voraus zu planen, insbesondere wenn Sie Ausrüstung mieten möchten. Lokale Geschäfte in Volos und den umliegenden Dörfern haben in der Regel Ausrüstung, aber es ist klug, früh in der Saison zu buchen.

Der Winter auf Pilion bedeutet auch weniger Touristen, wenn Sie also Einsamkeit und ein langsameres Tempo suchen, ist es eine gute Wahl. Ziehen Sie sich einfach warm an und bereiten Sie sich auf potenziell vereiste Straßen vor, wenn Sie mit dem Auto unterwegs sind.

Egal, ob Sie sanfte Schwünge auf der Piste ziehen oder eine ruhige Schneeschuhwanderung unternehmen, die Winterseite von Pilion ist unerwartet lohnend. Er fügt diesem facettenreichen Berg eine ganz neue Ebene hinzu.

Die Outdoor-Abenteuer von Pilion decken wirklich ein breites Spektrum ab. Vielleicht wandern Sie morgens durch sonnenverwöhnte Wälder, paddeln am Nachmittag entlang einer türkisfarbenen Bucht und entspannen sich am Abend in einer gemütlichen Bergtaverne. Oder Sie kommen auf die Winterpiste und entdecken eine ruhigere, besinnlichere Seite des Berges.

Unabhängig von Ihrem Tempo oder Ihren Vorlieben lockt die Natur hier mit Authentizität und Wärme. Es ist ein Ort, an dem man sich bewegen, atmen und einfach nur sein kann. Pilion hat eine Art, Sie mit seiner Vielfalt zu überraschen, und ehrlich gesagt, das ist es, was das Wiederkommen so verlockend macht.

Kapitel 5: Übernachten – Unterkünfte für jeden Reisenden

Pilion ist ein Ort, an dem die Landschaft dazu einlädt, langsamer zu werden, ein wenig anders zu atmen und Trost in den kleinen Dingen zu finden – dem Blick vom Balkon, dem Knarren eines Holzbodens, dem Duft der Kiefer, der sich mit der Meeresbrise vermischt. Die Entscheidung, wo man hier übernachten möchte, fühlt sich wie ein Teil des Abenteuers an, kann sich aber auch überwältigend anfühlen. Sollten Sie sich für ein charmantes Boutique-Hotel in einem traditionellen Dorf oder ein gemütliches Steinhaus in den Bergen entscheiden? Vielleicht ein Luxusresort mit allen Annehmlichkeiten? Oder vielleicht ein preisgünstiges Gasthaus, das sich eher wie eine Familie anfühlt?

Hier ist alles möglich. Die Unterkünfte von Pilion bieten für jeden etwas. In diesem Kapitel gehen wir durch die Optionen – von malerischen Gästehäusern bis hin zu luxuriösen Rückzugsorten – um Ihnen zu helfen, den Ort zu finden, der sich genau richtig anfühlt. Ich erinnere mich an meine erste Reise hierher, wie jeder Ort seinen eigenen Rhythmus hatte, seine eigene Art, einen willkommen zu heißen. Lassen Sie uns gemeinsam auf Entdeckungsreise gehen.

5.1 Charmante Boutique-Hotels und Pensionen

Es gibt eine besondere Art von Magie in den Boutique-Hotels und Pensionen, die in den Dörfern von Pilion verstreut sind. Das sind nicht deine großen, unpersönlichen Ketten; Es sind intime Räume mit Charakter, Geschichte und einer Wärme, die fast greifbar ist.

Nehmen wir zum Beispiel ein kleines Hotel in Makrinitsa, das wie eine Krone über der Stadt Volos thront. Wenn Sie die Lobby betreten, fühlt es sich an, als würden Sie ein lebendes Museum betreten, aber mit weichen Kissen und einem freundlichen Lächeln, das auf Sie wartet. Die Wände sind mit alten Familienfotos geschmückt, die Böden knarren und die Balkone sind mit Bougainvillea übersät. Es schien ruhiger zu sein, als ich erwartet hatte, und ehrlich gesagt, diese Ruhe – kombiniert mit dem weiten Blick auf den Pagasitischen Golf – ließ jeden Morgen wie ein Geheimnis erscheinen.

Die Pensionen werden oft von Einheimischen geführt, die seit Generationen in diesen Bergen leben. Sie lieben es, Geschichten über das Dorf zu erzählen, wo man den besten gegrillten Fisch findet oder wie man sich auf den verschlungenen Pfaden zurechtfindet. Wenn Sie in einer Pension übernachten, können Sie mit dem Geruch von frischem Gebäck aufwachen oder die Nachbarn auf Griechisch plaudern hören. Es ist nicht nur eine Unterkunft – es ist ein Tor zum Gemeinschaftsleben.

Die Zimmer sind in der Regel individuell eingerichtet und spiegeln die lokale Architektur und Kultur wider. Denken Sie an freiliegende Holzbalken, weiche Bettwäsche und handgewebte Teppiche. Viele haben Kamine für kühlere Nächte, und einige verfügen sogar über kleine Küchenzeilen, wenn Sie es vorziehen, Ihre eigenen Pilion-Spezialitäten zu kochen. Vielleicht wachen Sie von Vogelgezwitscher und dem leisen Klappern eines Eselskarrens in der Ferne auf.

Die Preise variieren, sind aber in der Regel moderat und bieten ein Gleichgewicht zwischen Erschwinglichkeit und einzigartigem Erlebnis. Und obwohl der Charme der alten Welt ist, haben viele Boutique-Hotels den Komfort aktualisiert – WLAN, Heizung, manchmal sogar einen kleinen Pool oder eine Wellness-Ecke.

Möglicherweise stellen Sie fest, dass diese Orte nicht immer große Online-Präsenzen oder glatte Buchungsseiten haben, sodass ein wenig Recherche oder sogar ein Telefonanruf viel bewirken können. Aber der Lohn? Authentizität, lokale Wärme und die Möglichkeit, wirklich zu entschleunigen.

5.2 Preisgünstige Hostels und Familiengasthöfe

Okay, vielleicht reisen Sie mit einem knapperen Budget – oder vielleicht bevorzugen Sie einfach ein einfacheres Setup, das unkompliziert und schnörkellos ist. Die günstigen Unterkünfte in Pilion werden Sie vielleicht überraschen, wie einladend und praktisch sie sind.

Hostels gibt es hier nicht überall, aber in größeren Dörfern und Städten wie Volos oder Portaria findest du eine Handvoll sauberer, komfortabler Plätze mit Schlafsälen oder Privatzimmern. Ich erinnere mich, dass ich Reisende in einem Gemeinschaftsraum eines Hostels getroffen habe, die genauso begierig darauf waren, Pilion zu erkunden wie ich – und die Atmosphäre war ungezwungen, offen und freundlich.

Familiengasthöfe hingegen fühlen sich ein wenig anders an. Diese werden oft von Familien betrieben, die ihre Häuser seit Jahren für Reisende geöffnet haben. Die Atmosphäre ist warm, mit einem Hauch von "Zuhause in der Ferne". Vielleicht ist es die Art und Weise, wie der Besitzer frische Eier vom Bauernhof anbietet oder darauf besteht, Ihnen zum Frühstück hausgemachte Konserven zu servieren.

Die Zimmer sind in der Regel bescheiden – nichts Besonderes, aber sauber und funktional. Sie werden sich wahrscheinlich ein Badezimmer teilen, und die Einrichtung ist einfach, aber das ist Teil des

Charmes. Außerdem sind diese Gasthäuser in der Regel zentral in Dörfern gelegen, so dass es einfach ist, Cafés oder Märkte zu besuchen, ohne ein Auto zu benötigen.

Eine Sache, die man beachten sollte, ist, dass sich diese günstigen Optionen nicht wie das typische "Hostel-Erlebnis" anfühlen, das man in einer Großstadt erwarten würde, da Pilion noch etwas abseits der ausgetretenen Pfade liegt. Es ist ruhiger, oft familienorientiert und manchmal etwas rustikal – aber auf eine gute Art und Weise.

Wenn Sie mit Kindern oder in einer Gruppe reisen, können Familiengasthöfe ideal sein. Das Personal gibt sich in der Regel alle Mühe, jüngere Gäste unterzubringen, und leiht vielleicht sogar einen Hochstuhl oder zusätzliche Decken ohne viel Aufhebens. Und manchmal trifft man sich mit anderen Gästen zu einem gemeinsamen Essen oder einer lokalen Weinprobe.

Ein Tipp: Buchen Sie frühzeitig, wenn Sie in der Hochsaison (Sommer oder in den Ferien) in günstigen Gasthäusern übernachten möchten. Sie sind bei Einheimischen und Reisenden gleichermaßen beliebt, und die begrenzte Anzahl an Zimmern ist schnell ausgebucht.

5.3 Luxusresorts und Spa-Retreats

Wenn Sie sich ein wenig – oder vielleicht viel – verwöhnen möchten, gibt es in Pilion einige Luxusresorts, die natürliche Schönheit mit modernem Luxus verbinden.

Diese Orte befinden sich in der Regel dort, wo Sie das Beste aus beiden Welten bekommen: einen atemberaubenden Blick auf das Meer und die Berge, ein weitläufiges Gelände und eine friedliche Atmosphäre, die sich wie eine Blase abseits des Alltags anfühlt. Ich erinnere mich, wie ich nach einem langen Wandertag in einem Resort ankam, und es war genau das, was ich nicht wusste, dass ich es brauchte – einen warmen Pool, einen flauschigen Bademantel und ein ruhiges Plätzchen am Kamin.

Die Spa-Einrichtungen hier sind in der Regel erstklassig. Denken Sie an Massagen mit lokalen Kräutern, Whirlpools mit Blick auf Pinienwälder, Dampfbäder und Yoga-Sitzungen im Morgengrauen. Einige Resorts bieten sogar Wellness-Pakete an, die auf Entspannung, Entgiftung oder Abenteuererholung zugeschnitten sind.

Die Zimmer in diesen Resorts sind elegant gestaltet, oft mit Stein- oder Holzakzenten, die den traditionellen Stil von Pilion widerspiegeln, aber mit modernem Luxus - Marmorbäder, große Terrassen, Kingsize-Betten und High-End-Technologie für Unterhaltung oder Komfort.

Das Essen in diesen Resorts ist in der Regel ein Highlight. Genießen Sie Gourmet-Interpretationen der traditionellen Gerichte von Pilion, gepaart mit erlesenen Weinen aus der Region oder Cocktails, die mit lokalen Kräutern und Früchten zubereitet werden. Es ist eine Mischung aus authentisch und raffiniert.

Zur Kundschaft gehören oft Paare auf romantischen Kurzurlauben, Familien, die ein bisschen von allem wollen, oder sogar Alleinreisende, die Ruhe suchen. Es kann sich sowohl exklusiv als auch einladend anfühlen, obwohl man mit Fug und Recht sagen kann, dass die Atmosphäre hier eleganter und weniger "dörflich zwanglos" ist als in kleineren Gasthäusern.

Preislich verlangen diese Resorts eine Prämie, aber viele Gäste sagen, dass die Erfahrung dies rechtfertigt. Wenn Sie einen besonderen Anlass feiern oder einfach nur ein wenig Luxus auf Ihrer Reise genießen möchten, sind die Resorts in Pilion genau das Richtige für Sie.

Ein Hinweis: Einige Luxusresorts sind etwas isoliert, so dass es oft notwendig ist, ein Auto zu haben oder einen Taxidienst zu nutzen, um die nahe gelegenen Dörfer oder Strände zu erkunden.

5.4 Traditionelle Steinhütten und Berghütten

Wenn Sie sich wegen der natürlichen Schönheit und des Charmes der alten Welt zu Pilion hingezogen fühlen, gibt es nichts Besseres als das Gefühl, in einer traditionellen Steinhütte oder Berghütte zu übernachten. Diese Orte flüstern Geschichten aus vergangenen Jahrhunderten, und wenn man an einem Ort lebt, fühlt man sich an, als würde man in eine langsamere, friedlichere Zeit eintreten.

Diese Ferienhäuser sind über die Bergdörfer und Waldgebiete von Pilion verstreut. Stellen Sie sich dicke Steinmauern, rote Ziegeldächer, hölzerne Fensterläden und manchmal kleine Innenhöfe oder Gärten voller Blumen vor. Viele wurden liebevoll restauriert und verbinden historische Architektur mit subtilem modernem Komfort.

Ich erinnere mich, wie ich die Tür eines solchen Häuschens in Tsagarada öffnete und die kühle, schattige Ruhe im Inneren spürte. Der Kamin war bereit, angezündet zu werden, und draußen erfüllte der Duft von Zedernholz und Thymian die Luft. Es war, als würde mich das Haus selbst willkommen heißen.

Viele dieser Ferienhäuser werden als Ferienhäuser oder über den lokalen Gästeservice vermietet. Einige sind komplett mit einer Küche ausgestattet, in der Sie Ihre Mahlzeiten mit frischen Produkten von den nahe gelegenen Märkten oder Ihrem eigenen Kräutergarten zubereiten können. Andere sind einfacher und für diejenigen gedacht, die den Stecker ziehen und vielleicht auf einem Holzofen kochen möchten.

Hütten in den Berggebieten haben oft Balkone oder Terrassen mit weitem Blick auf die Täler oder das Meer dahinter. Das Aufwachen mit dem Klang von Vögeln und fernen Schafsglocken fühlt sich eher wie eine Erinnerung als eine reale Sache an, aber es ist alles da.

Der Nachteil? Diesen Unterkünften fehlen manchmal die unmittelbaren Annehmlichkeiten eines Hotels – WLAN kann lückenhaft oder nicht vorhanden sein, die Heizung kann ein manueller Kamin oder Heizkörper sein, und die Badezimmer können etwas kleiner oder rustikaler sein. Aber für viele Reisende ist das ein Teil des Reizes.

Die Buchung eines dieser Orte kann etwas schwierig sein, da viele in Privatbesitz sind oder von lokalen Agenturen verwaltet werden. Es lohnt sich, sich umzuhören oder spezialisierte Pilion-Mietseiten zu nutzen. Und manchmal entstehen die besten Funde durch Mundpropaganda oder Last-Minute-Empfehlungen von Einheimischen.

Egal, ob Sie Ihre Tage damit verbringen möchten, durch Wälder zu wandern, sich mit einem guten Buch auf einer Veranda zu entspannen oder ein langsames Frühstück zu genießen, während Sie beobachten, wie sich der Nebel von den Bergen verzieht, ein Steinhaus oder eine Steinhütte bietet ein Stück von Pilions Seele.

Zusammenfassung der Gedanken zu Unterkünften in Pilion

Ehrlich gesagt, die Auswahl an Unterkünften in Pilion spiegelt seinen reichen Charakter wider. Hier finden Sie alles, von intim und authentisch bis hin zu verschwenderisch und luxuriös. Vielleicht hängt die Wahl von Ihrer Stimmung, Ihrem Budget oder einfach nur von einem Gefühl dafür ab, was zu Ihrer Reise "passt".

Persönlich fand ich, dass egal wo ich übernachtet habe, der einladende Geist von Pilion durchscheint. Die Einheimischen möchten, dass Sie sich wie zu Hause fühlen, egal ob Sie in einem Mehrbettzimmer übernachten oder eine Fünf-Sterne-Suite genießen.

Zögern Sie auch nicht, es zu mischen – verbringen Sie ein paar Nächte in einer Berghütte und beenden Sie Ihre Reise dann in einem Badeort. Die Flexibilität der Unterkünfte in Pilion bedeutet, dass Ihr Aufenthalt so abwechslungsreich sein kann wie die Landschaft.

Und hey, manchmal werden die unerwarteten Orte zu Ihren Favoriten – das ruhige Gasthaus mit dem lauten Hahn, das Gästehaus, das Ihnen den besten

Honig serviert, oder das Steinhaus, in dem Sie das Zeitgefühl verlieren.

Also, mach weiter. Suchen Sie sich Ihren Platz aus, packen Sie Ihre Koffer und lassen Sie die Unterkünfte in Pilion Teil der Geschichte sein, die Sie mit nach Hause nehmen.

Kapitel 6: Essen und Trinken — Probieren Sie die Aromen von Pilion

6.1 Die besten lokalen Restaurants und Tavernenempfehlungen

Wenn man nach Pilion kommt, wird eines sehr schnell klar: Essen steht hier im Mittelpunkt. Die Bergluft, die Meeresbrise, die frischen Produkte – all das schafft ein kulinarisches Erlebnis, das sich einfach, aber irgendwie unvergesslich anfühlt. Ehrlich gesagt erinnere ich mich, wie ich in einer winzigen Taverne in Makrinitsa saß, einem Ort, der so unprätentiös war, dass er aussah wie ein Esszimmer für eine Familie, und dachte: "Das ist genau das, was griechisches Essen sein sollte." Und das war es auch.

Es gibt Orte, auf die Reisende schwören, und das zu Recht. In Portaria zum Beispiel gibt es mehrere

Tavernen, die auf Terrassen mit Blick auf das Tal thronen und in denen die untergehende Sonne alles golden färbt. Ein Favorit ist das "To Kastro", das für seine warme Atmosphäre und seine gutbürgerliche Küche bekannt ist. Die Speisekarte dort ist nicht überwältigend, was meiner Meinung nach zu seinem Vorteil ist – alles fühlt sich sorgfältig kuratiert an, nicht gehetzt oder trendy.

In Tsagarada bietet die "Taverna Panorama" die Art von Mahlzeit, die in Erinnerung bleibt, weil sie mit einem Blick auf den dichten Pinienwald und das ruhige Meer dahinter gepaart ist. Es ist nicht nur das Essen hier, sondern auch das Erlebnis – das leise Summen von Gesprächen, das sanfte Klirren von Gläsern und das Wehen von gegrillten Kräutern. Ich erinnere mich, dass ich dachte: "Ich könnte ewig hier sitzen."

Allerdings dreht sich in Pilion nicht alles um Tavernen der alten Schule. In Volos, dem Tor zur Küste von Pilion, finden Sie eine lebendige Restaurantszene, die ein wenig moderner und etwas belebter ist. Die Fischrestaurants reichen von zwanglosen Fischmärkten mit Tischen im Freien bis hin zu raffinierten Lokalen mit innovativen Gerichten. Ein Ort, der besonders hervorsticht, ist "Akrogiali", wo traditionelle Aromen auf einen Hauch von Kreativität treffen. Vielleicht finden Sie den frischesten Oktopus perfekt gegrillt, serviert mit nur einem Spritzer Zitrone und einem Spritzer Olivenöl. Einfach, aber so gut.

Nun, ich möchte nicht überall ein perfektes Bild der Ruhe malen. Manchmal können sich diese beliebten Orte voll anfühlen, besonders in der Hochsaison. Aber ehrlich gesagt, das ist auch ein Teil des Charmes. Das Treiben, die Mischung aus Einheimischen und Reisenden, all das trägt zur lebendigen Esskultur bei.

Wenn Sie etwas Ruhigeres suchen, vielleicht etwas abseits der ausgetretenen Pfade, bieten die Bergdörfer Zagora und Milies intime Orte, an denen Rezepte seit Generationen weitergegeben werden. Hier ist es nicht ungewöhnlich, einen familiengeführten Ort zu finden, in dem der Besitzer mit einem hausgemachten Dessert oder einer Flasche Wein aus der Region an Ihren Tisch kommt und darauf besteht, dass Sie es probieren. Darin liegt eine Wärme, eine Erinnerung daran, dass das Essen hier zutiefst persönlich ist.

Um diese kleine Tour zusammenzufassen: Egal, ob Sie sich in einer geschäftigen Küstenstadt oder einem verschlafenen Bergdorf befinden, Sie werden Restaurants und Tavernen finden, die nicht nur Ihren Appetit, sondern auch Ihre Seele nähren.

6.2 Traditionelle Gerichte, die man unbedingt probieren muss und wo man sie findet

Man kann nicht über Pilion sprechen, ohne über sein Essen zu sprechen. Und wenn es um traditionelle Gerichte geht, ist die Liste endlos – auch wenn einige Favoriten immer wieder auftauchen. Ich glaube, was mich am meisten beeindruckt, ist, wie jedes Gericht eine Geschichte über das Land, das Meer und die Menschen dieser Region erzählt.

Zuerst "Spiros" oder der Pilion-Kuchen. Dieser herzhafte Kuchen ist in der Regel mit wildem Gemüse, Kräutern und lokalem Käse gefüllt und in eine goldene, flockige Kruste gehüllt. Es ist bescheiden, aber befriedigend. Sie finden es auf der Mezze-Platte einer Taverne oder in lokalen Bäckereien, vor allem in den Bergdörfern. Ich erinnere mich, dass ich mir in einer kleinen Bäckerei in Milies ein Stück geschnappt habe, das noch warm aus dem Ofen war – das hatte etwas Beruhigendes.

Als nächstes gibt es "Boubari", eine einzigartige Spezialität aus Pilion. Es ist im Grunde eine Art Wurst, die aus Schweinefleisch, Gewürzen und manchmal Kräutern hergestellt wird, die von den Berghängen gesammelt werden. Im Gegensatz zu vielen kommerziellen Würsten fühlt sich diese Wurst handwerklich an – handgemacht und reich an Geschmack. Ich empfehle, es in einer traditionellen

Taverne gegrillt zu probieren, vielleicht gepaart mit frischem Brot und einem Glas Rotwein.

Wenn Sie an der Küste oder in Volos sind, sollten Sie sich den "Tsipoura" (Dorade) oder den "Lavraki" (Wolfsbarsch) nicht entgehen lassen, die einfach mit Kräutern und Olivenöl gegrillt werden. Die Frische ist unverkennbar. Ich erinnere mich, dass ich gegrillten Oktopus bestellte, der so zart war, dass er fast auf der Zunge zerging, gewürzt mit einem Hauch von geräuchertem Paprika, der mir eine unerwartete Tiefe verlieh.

Ein weiteres Muss ist "Kleftiko", langsam gegartes Lammfleisch, das mit Zitrone und Kräutern in Pergamentpapier eingewickelt ist. Es ist eines dieser Gerichte, die, wenn sie einmal probiert sind, im Gedächtnis bleiben. Das Fleisch wird so zart, dass es vom Knochen fällt, angereichert mit Zitrusfrüchten und dem erdigen Aroma von Rosmarin und Thymian. Ein lokaler Favorit für Sonntagsessen und besondere Anlässe, aber Sie können es in familiengeführten Tavernen finden, in denen Kochen eine Kunstform ist.

Für Naschkatzen sind "Amygdalota", Mandelkekse, die mit Rosenwasser oder Orangenblüten aromatisiert sind, ein Grundnahrungsmittel. Sie sind zart, nicht zu süß und passen perfekt zu einem starken griechischen Kaffee. Ich ertappte mich dabei, wie ich sie an einem Marktstand in Volos ergatterte, ein perfekter kleiner Snack für einen Nachmittagsspaziergang entlang des Hafens.

Und natürlich taucht hier die berühmte "Baklava" auf, obwohl jeder Ort seine eigene Note hinzufügt – manchmal mit einem Hauch von Nelke oder Zimt, der das Erlebnis subtil verändert. Du denkst vielleicht, dass du schon einmal Baklava gegessen hast, aber die Versionen in Pilion können dich überraschen.

Ehrlich gesagt, was ich an diesen Gerichten liebe, ist, wie sie mit den Jahreszeiten und lokalen Produkten verbunden sind. Die Nahrung von Pilion ist nicht statisch – sie verändert sich mit den Kräutern, die an den Hängen blühen, oder dem Fisch, der am Morgen frisch gefangen wird.

6.3 Märkte und lokale Produzenten: frische Zutaten und Souvenirs

Wenn Sie sich für Esskultur interessieren, ist ein Besuch der Märkte in Pilion ein Vergnügen. Sie haben einen Rhythmus – die Verkäufer bauen ihre Stände früh auf, die Einheimischen plaudern, während sie Gemüse, Käse oder Fleisch auswählen. Es ist ein Fenster in den Alltag, das sich echt anfühlt, nicht für Touristen inszeniert.

In Volos findet einer der lebhaftesten Märkte statt. Hier finden Sie alles, von frisch gefangenem Fisch auf Eis ausgelegt, bis hin zu aromatischen Kräutern, die in Bündeln verpackt sind. Die Farben sind lebendig: tiefes Rot von Tomaten, das leuchtende Grün von frischem Basilikum, das cremige Weiß von lokalem Käse. Wenn man hindurchgeht, kann man nicht anders, als sich in die Fülle hineingezogen zu fühlen. Ich erinnere mich, dass ich mich gefragt habe, wie viel von dieser Fülle auf den Tischen in den Bergdörfern oder in den Tavernen am Meer landet.

Viele Verkäufer verkaufen handverlesene Bergkräuter wie Oregano, Thymian und Bohnenkraut, die von den wilden Hängen des Pilion geerntet werden. Diese sind oft einfach gebündelt, tragen aber intensive Aromen. Etwas mit nach Hause zu nehmen, ist wie ein kleines Stück des Berges mit sich herumzutragen.

Käse ist hier ein Highlight – vor allem "Feta" und "Mizithra", wobei letzterer ein Weichkäse aus Schaf- oder Ziegenmilch ist, manchmal leicht gesalzen oder gereift. Ich kaufte ein kleines Rad an einem Stand in Zagora, wickelte es sorgfältig ein und es reichte für mehrere Frühstücke. Sein frischer, spritziger Geschmack war eine schöne Erinnerung an die Region.

Auch Olivenöl ist eine große Sache. Pilion produziert einige der feinsten nativen Olivenöle extra, oft aus kleinen, familiengeführten Hainen. Diese Öle haben eine ausgeprägte grasige Frische mit einem pfeffrigen Abgang. Einige Hersteller lassen Sie vor dem Kauf probieren, und ehrlich gesagt, das frische, ungefilterte Öl zu probieren, ist wie eine Offenbarung.

Wenn Sie ein Geschenk oder ein Souvenir mit Bedeutung mitbringen möchten, sollten Sie den lokalen Honig in Betracht ziehen. Bergthymianhonig wird für seinen komplexen Geschmack geschätzt – süß, blumig, mit einem Hauch von Kräutern. Ein Glas von einem lokalen Imker fühlt sich an wie ein Schatz.

Backwaren werden oft frisch auf Märkten und in kleinen Geschäften verkauft. "Lagana", eine Art Fladenbrot, das traditionell am Sauberen Montag (dem Beginn der Fastenzeit) gegessen wird, ist hier das ganze Jahr über erhältlich und passt hervorragend zu Käse oder Oliven.

Diese Märkte sind auch soziale Knotenpunkte. Die Anbieter sind oft bestrebt, Geschichten über ihre Produkte zu erzählen, wie sie hergestellt werden oder woher die Zutaten stammen. Ich ertappte mich dabei, wie ich länger als geplant verweilte und in Gespräche über alles verwickelt war, vom Wetter bis hin zur besten Art, ein wildes Kraut zu kochen.

Wenn Sie die Möglichkeit haben, ist der Besuch eines lokalen Bauernhofs oder Produzenten ein unvergessliches Erlebnis. Einige bieten Verkostungen oder Führungen an. Man bekommt ein echtes Gefühl dafür, wie viel Sorgfalt in die Herstellung jedes Produkts gesteckt wird, was ein schöner Kontrast zur industriellen Esskultur ist, die die meisten von uns kennen.

6.4 Wein und Spirituosen: Die versteckten Weinberge und Brennereien von Pilion

Wein in Pilion ist eine ruhige, aber wachsende Geschichte, die viele Reisende vielleicht übersehen. Das Klima der Region mit seiner Mischung aus Bergkühle und mediterraner Wärme schafft ideale Bedingungen für bestimmte Rebsorten. Die Weinberge von Pilion sind oft klein und familiengeführt, wobei die Qualität statt die Quantität im Vordergrund steht.

Ich erinnere mich an einen Besuch eines Weinbergs in der Nähe von Zagora, wo der Besitzer leidenschaftlich, fast poetisch über die Reben sprach. Es geht nicht nur darum, Wein zu produzieren, sondern auch darum, die Tradition zu bewahren und das Land zu respektieren. Viele Weine von hier tragen eine ausgeprägte Mineralität, eine helle Säure und fruchtige Aromen, die wunderbar mit der lokalen Küche harmonieren.

Vielleicht stoßen Sie auf Sorten wie "Moschofilero", eine weiße Traube, die für ihre blumigen, zitrusartigen Noten bekannt ist, oder "Agiorgitiko", eine rote Traube, die Weine mit weichen Tanninen und Beerenaromen hervorbringt. Viele Weingüter in Pilion bieten Verkostungen an, die oft von hausgemachtem Brot, Käse oder Wurstwaren begleitet werden. Es ist eine entspannte Angelegenheit – man nippt, plaudert und lernt ein bisschen mehr über den Ort.

Neben dem Wein ist Pilion berühmt für seinen "Tsipouro", eine kräftige Spirituose, die aus

Traubentrester hergestellt wird. Es ist eine Art griechischer Brandy, und in Pilion wird es oft in kleinen Brennblasen hausgemacht. Das Trinken von Tsipouro ist ein gesellschaftliches Ritual. Ich erinnere mich, wie ich mit Einheimischen an einem Tisch saß, die Gläser mit der klaren Spirituose herumreichten, begleitet von kleinen Tellern mit Oliven, Nüssen und eingelegtem Gemüse. Es ging weniger um das Getränk selbst als vielmehr um das gemeinsame Erlebnis – das Lachen, die Geschichten und die langsamen Gespräche, die bis spät in den Abend dauern.

Einige Destillerien heißen Besucher willkommen und bieten Führungen an, die den Destillationsprozess erklären und bei denen Sie verschiedene Sorten probieren können. Der Geschmack von Tsipouro kann je nach Art der Herstellung variieren – einige Versionen sind weich und leicht, andere reichhaltiger mit einer rauchigen Note.

Und dann sind da noch die Liköre. Die Kunsthandwerker von Pilion stellen Fruchtliköre aus lokalen Kirschen, Feigen oder Kräutern her, oft mit einer Süße, die durch erdige Untertöne ausgeglichen wird. Sie eignen sich hervorragend als Geschenk oder als perfekter Schluck nach dem Abendessen.

Was ich an den Weinen und Spirituosen von Pilion charmant finde, ist, wie sehr sie mit dem Alltag verwoben sind. Sie sind nicht nur Produkte, die verkauft werden sollen; Sie sind Teil von Festen, Familientreffen und Traditionen. Es fühlt sich an, als ob jede Flasche eine kleine Geschichte in sich birgt.

Alles in allem bedeutet die Verkostung von Pilion, seine Geschichte, seine Landschaft und seine Menschen. Egal, ob Sie einen einfachen Kuchen in einem Bergdorf genießen oder einen Tsipouro am Meer schlürfen, die Aromen hier bringen Sie dazu, langsamer zu werden und aufmerksam zu werden. Vielleicht ist das das Beste an Pilions Essen und Trinken – die Art und Weise, wie es Sie einlädt, einen Moment lang zu verweilen und nur ein wenig länger zu verweilen, als Sie erwartet haben.

Wenn Sie zu Besuch sind, sollten Sie sich darauf einstellen, dass Sie mehr als nur Erinnerungen an atemberaubende Landschaften mitnehmen werden – Sie werden die Geschmäcker und Aromen eines Ortes mit sich führen, an dem sich das Essen wirklich wie zu Hause anfühlt.

Kapitel 7: Vorgeschlagene Reiserouten

Pilion ist einer dieser Orte, die zum Verweilen einladen, aber manchmal hat man nur ein paar Tage oder vielleicht eine ganze Woche Zeit, um es wirklich aufzusaugen. Egal, ob Sie einen knappen Wochenendausflug, einen gemütlichen Familienurlaub oder einen romantischen Rückzugsort planen, der Charme von Pilion ist breit genug, um fast jede Art von Reisenden zufrieden zu stellen. In diesem Kapitel dreht sich alles um praktische, flexible Reiserouten und bietet Ihnen einen Fahrplan zu einigen der besten Möglichkeiten, dieses Paradies an der Bergküste zu erleben, ohne sich gehetzt zu fühlen oder die Magie zu verpassen.

7.1 Dreitägige Highlights: Das Beste von Pilion an einem Wochenende

Wenn Sie nur ein Wochenende Zeit haben, um Pilion zu erkunden, machen Sie sich keine Sorgen. Sie können immer noch einen guten Eindruck von der natürlichen Schönheit, dem Dorfleben und dem Charme der Küste bekommen, ohne das Gefühl zu haben, gegen die Zeit anzutreten. Ein dreitägiger Ausflug hierher ist ehrlich gesagt ein perfekter kleiner Rückzugsort. Ich erinnere mich, dass ich dachte: "Wow, dieser Ort ist so viel mehr, als ich mir vorgestellt habe", und dieses Gefühl blieb mir noch lange nach meiner Abreise erhalten.

Erster Tag: Die Dörfer und die Bergluft

Beginnen Sie Ihre Reise im Herzen des Pilion-Gebirges mit einem Besuch in Makrinitsa, das wegen seiner atemberaubenden Aussicht auf Volos und den Pagasitischen Golf oft als "Balkon des Pilion" bezeichnet wird. Es ist ein kleines Dorf, aber vollgepackt mit traditionellen Steinvillen und Kopfsteinpflasterstraßen, die zum Bummeln einladen. Machen Sie vielleicht eine Pause in einem der örtlichen Cafés für einen langsamen Kaffee – die Sorte, die die Zeit ein wenig länger zu verlängern scheint.

Von Makrinitsa aus fahren Sie mit dem Auto oder nehmen einen lokalen Bus nach Portaria, einem lebhaften Dorf mit weiteren Geschäften und Tavernen. Hier herrscht eine andere Energie, eine Mischung aus Alt und Neu, und der Duft von Kiefern und Kastanienbäumen liegt in der Luft. Wenn es die Zeit erlaubt, können Sie sich die nahe gelegenen Wassermühlen entlang der Wanderwege ansehen – sie fühlen sich an, als würden Sie in eine einfachere, ruhigere Ära zurückversetzt.

Zweiter Tag: Strandzeit und Küstendörfer

Keine Reise nach Pilion wäre komplett ohne ein bisschen Zeit am Strand. Am zweiten Tag geht es hinunter nach Agios Ioannis oder Mylopotamos Beach. Agios Ioannis ist großartig, wenn Sie eine entspannte Atmosphäre mit Tavernen suchen, die nur wenige Schritte vom Sand entfernt sind. Ich erinnere mich an die sanfte Meeresbrise hier, gemischt mit dem Geräusch spielender Kinder und dem gelegentlichen Geschwätz von den Tischen in der Nähe – es war friedlich, aber nie einsam.

Wenn Sie sich ein wenig abenteuerlustig fühlen, erkunden Sie den Fakistra Beach etwas weiter entlang der Küste. Es ist abgelegener, schwieriger zu erreichen und definitiv weniger überfüllt. Das kristallklare Wasser dort ist unglaublich. Ehrlich gesagt schien es ruhiger zu sein, als ich es für einen so atemberaubenden Ort erwartet hatte, was es umso spezieller machte.

Dritter Tag: Kultur, Natur und Tradition

Planen Sie an Ihrem letzten Tag etwas Kulturelles und Natürliches ein. Besuchen Sie das Dorf Tsagarada, das für seine ikonische, jahrhundertealte Platane direkt am Dorfplatz bekannt ist – die Einheimischen sagen, dass sie über 1000 Jahre alt ist, obwohl das mehr Legende als Tatsache sein könnte. Das Dorf hat diesen sanften Charme, wo die Einheimischen gerne plaudern, wenn Sie auf dem Markt oder in einem Café vorbeischauen.

Wenn Sie Zeit haben, machen Sie einen kurzen Abstecher zu den nahe gelegenen Wasserfällen oder Waldwegen. Der Mix aus frischer Bergluft und Grün ist erfrischend. Vielleicht können Sie Ihren Tag mit einem Abendessen in einer traditionellen Taverne ausklingen lassen und lokale Gerichte wie "Spetssofai" (Wursteintopf) oder frische Meeresfrüchte genießen - beides Spezialitäten hier.

7.2 Eine Woche Immersion: Erkunden Sie Berge, Dörfer und das Meer

Für diejenigen, die das Glück haben, eine ganze Woche in Pilion zu verbringen, gibt es so viel zu entdecken. Das langsamere Tempo lässt Sie durchatmen, tiefer erkunden und sogar einige versteckte Schätze entdecken, die es nicht auf die üblichen Touristenkarten schaffen.

Tag eins & zwei: Eingewöhnung in die Berge

Beginnen Sie Ihre Reise mit ein paar Tagen in den berühmten Bergdörfern von Pilion. Abgesehen von Makrinitsa und Portaria sollten Sie sich Orte wie Kissos und Zagora nicht entgehen lassen. Kissos ist besonders bekannt für seine byzantinische Kirche und die ruhige Atmosphäre. Hier fühlt sich das

Leben gemächlich an – ideal für lange Spaziergänge auf nach Zirben duftenden Pfaden oder ruhige Momente am Fluss.

Zagora hingegen bietet etwas mehr Geschäfte und Märkte für lokale Produkte. Hier finden Sie Trockenfrüchte, Kastanien und Honig – perfekte Souvenirs oder Picknicks für spätere Wanderungen.

Vergessen Sie nicht, lokale Gerichte in familiengeführten Tavernen zu probieren. Das Essen hier schmeckt, als wäre es über Generationen perfektioniert worden. Ich erinnere mich an einen Abend in Zagora, an dem der Besitzer frische gegrillte Forellen brachte, die an diesem Morgen gefangen wurden – so einfach und doch unvergesslich.

Tag drei und vier: Küstenabenteuer und Strände

Schalten Sie für ein paar Tage an die Küste am Meer. Skiathos und Skopelos sind verlockende Inseloptionen, wenn Sie einen Tagesausflug mit dem

Boot unternehmen möchten. Wenn Sie jedoch lieber auf dem Festland bleiben möchten, bieten die Strände in der Nähe von Agios Dimitrios und Kala Nera schöne Bade- und Wassersportmöglichkeiten.

Ein Besuch des Strandes von Mylopotamos ist ein Muss wegen des türkisfarbenen Wassers und der nahe gelegenen Wanderwege. Es ist einer dieser Orte, an denen man sich sowohl mit der Natur als auch mit der lokalen Geschichte verbunden fühlt. In der Nähe befindet sich eine alte venezianische Festung, die eine kurze Erkundung wert ist.

Fünfter Tag: Outdoor-Sportarten und Naturpfade

Pilions Ruf für Outdoor-Abenteuer zeigt sich hier. Buchen Sie eine Mountainbike-Tour oder, wenn Sie mehr auf Wandern stehen, ist der Weg von Damouchari nach Fakistra ein Klassiker. Er schlängelt sich durch Olivenhaine und Pinienwälder und öffnet sich schließlich zu einem atemberaubenden Meerblick.

Vielleicht möchten Sie auch das Gleitschirmfliegen ausprobieren, wenn Sie sich mutig fühlen - die Klippen von Pilion bieten spektakuläre Startpunkte. Ich habe es nicht selbst gemacht, aber im Gespräch mit anderen, die es getan haben, war ihre Begeisterung ansteckend.

Sechster Tag: Eintauchen in die Kultur

Verbringen Sie einen Tag damit, die lokale Kultur in Volos zu erkunden. Es ist die nächstgelegene Stadt und bietet Museen, Galerien und einen geschäftigen Hafen mit frischen Fischmärkten und Cafés. Verpassen Sie nicht das Archäologische Museum oder einen Spaziergang entlang der Uferpromenade.

Später geht es wieder auf den Berg, um einen Abend bei einem traditionellen Dorffest zu verbringen - viele finden den ganzen Sommer über mit Musik, Tanz und viel Essen statt. Diese Zusammenkünfte sind lebendig, einladend und ein echter Einblick in das Leben vor Ort.

Tag sieben: Langsamer Tag und Abreise

Gehen Sie es an Ihrem letzten Tag langsam an. Vielleicht können Sie einen Lieblingsplatz noch einmal besuchen oder ein gemütliches Frühstück mit Blick auf die Berge oder das Meer genießen. Packen Sie in Ihrem eigenen Tempo und wissen Sie, dass Sie die vielfältige Landschaft und Kultur von Pilion in vollen Zügen genossen haben.

7.3 Familienfreundliche Ausflüge: Aktivitäten und Orte, die Kinder lieben werden

Reisen mit Kindern kann schwierig sein, aber Pilion ist überraschend einladend für Familien. Die Kombination aus Natur, Stränden und Kleinstadtcharme bietet viel, um jüngere Reisende zu beschäftigen, ohne jemanden zu überfordern.

Leichte Naturwanderungen und Parks

Familien werden die sanften Naturpfade rund um Makrinitsa und Tsagarada zu schätzen wissen, auf denen die Kinder frei laufen können, aber sicher bleiben. Die Wasserfälle in der Nähe von Tsagarada sind zwar nicht riesig, haben aber genug Magie, um Neugier zu wecken, ohne zu herausfordernd zu sein.

Der Mvog-Betsi Zoo im nahe gelegenen Volos ist ein guter Tagesausflug für Tierliebhaber, vor allem für jüngere Kinder, die eine Pause vom Wandern oder Sightseeing zu schätzen wissen.

Strände mit flachem Wasser

Die Strände von Agios Ioannis und Papa Nero sind perfekt für Familien, da das Wasser in der Nähe des Ufers ruhig und flach ist, was es den Kindern erleichtert, zu planschen und zu spielen. An vielen Stränden gibt es Tavernen in der Nähe, so dass sich die Eltern bei einem Kaffee entspannen können, während sie ein Auge auf die Kleinen haben.

Reiten und Besuche auf dem Bauernhof

Der ländliche Charakter von Pilion bedeutet, dass es mehrere Orte gibt, die Reitunterricht oder Ponyreiten für Kinder anbieten. Diese Erlebnisse sind oft mit Farmtouren verbunden, bei denen Kinder die Möglichkeit haben, mit Tieren zu interagieren und etwas über das ländliche Leben zu erfahren.

Kulturelle Workshops und lokale Feste

In der Umgebung finden Sie Kunsthandwerksworkshops oder Dorffeste mit Aktivitäten für Kinder. Von der Töpferei bis hin zu traditionellen Tänzen können diese praktischen Erfahrungen sowohl Spaß machen als auch lehrreich sein. Es ist eine wunderbare Möglichkeit für Kinder, sich über die üblichen Besichtigungen hinaus mit dem Ort zu verbinden.

7.4 Romantischer Kurzurlaub: Gemütliche Plätze und Blick auf den Sonnenuntergang

Die Mischung aus zerklüfteten Bergen und ruhigen Küsten von Pilion schafft eine natürlich romantische Kulisse. Egal, ob es sich um eine Hochzeitsreise, ein Jubiläum oder einfach nur um eine Gelegenheit handelt, sich wieder zu treffen, Pilion bietet viele ruhige Ecken und atemberaubende Ausblicke, die Sie teilen können.

Intime Aufenthalte im Dorf

Entscheiden Sie sich für ein Boutique-Gästehaus in Dörfern wie Kissos oder Zagora, wo Sie gemütliche Zimmer mit Kamin und traditionellem Dekor genießen können. Viele Orte bieten Balkone oder Terrassen mit Blick auf die sanften Berge – eine perfekte Kulisse für den Morgenkaffee oder Gespräche bis spät in die Nacht.

Strände bei Sonnenuntergang und einsame Buchten

Abende am Strand von Fakistra oder Damouchari sind kaum zu übertreffen. Die Abgeschiedenheit von Fakistra macht es ideal für Paare, die Privatsphäre suchen, während der charmante Hafen und der Kieselstrand von Damouchari eine malerische, fast märchenhafte Atmosphäre bieten.

Ich erinnere mich, wie ich eines Abends beobachtete, wie die Sonne langsam hinter den Hügeln versank, der Himmel sich rosa und golden färbte, während das sanfte Rauschen der Wellen die Luft erfüllte. Momente wie dieser bleiben in Erinnerung.

Kulinarische Erlebnisse für Paare

Pilion bietet eine Reihe von romantischen Restaurants, von Tavernen am Klippen mit Panoramablick bis hin zu versteckten Juwelen, die lokale Küche bei Kerzenschein servieren. Viele Restaurants verfügen über Sitzgelegenheiten im Freien, wo Sie frische Meeresfrüchte oder wildes Gemüse genießen können, während Sie den nächtlichen Klängen des Dorfes lauschen.

Versuchen Sie, mindestens ein Abendessen an einem Ort zu planen, der sich ein wenig besonders anfühlt – vielleicht an einem Tisch unter einer Platane oder mit Blick auf das Meer. Es geht um das Ambiente genauso wie um das Essen.

Spa und Wellness Retreats

Um sich ein wenig verwöhnen zu lassen, bieten einige Resorts und Hotels Spa-Behandlungen, Massagen und Wellnesspakete an. Nach Tagen des

Wanderns oder Strandes fühlt sich eine Paarmassage oder ein Bad in einem Whirlpool wie eine luxuriöse Belohnung an.

Auch wenn Sie keine Behandlungen buchen, kann die Wahl eines Hotels mit einem ruhigen Garten oder Poolbereich eine perfekte Möglichkeit sein, sich zu entspannen und die Gesellschaft des anderen zu genießen.

Es gibt nicht die eine "richtige" Art, Pilion zu erleben. Egal, ob Sie es in ein Wochenende quetschen oder sich für eine Woche niederlassen, als Familie reisen oder sich mit jemandem Besonderen verabreichen, diese Region passt sich mit Leichtigkeit an. Die Schichten von Bergwäldern, die Küstenbrise und die herzliche Gastfreundschaft machen jeden Besuch einzigartig zu einem einzigartigen Erlebnis. Vielleicht dreht sich bei Ihrer Reise alles um Entdeckungen, vielleicht geht es aber auch mehr um ruhige Momente. So oder so, Pilion hat eine Art, noch lange nach dem Ende der Reise in Ihrem Gedächtnis zu verweilen.

Kapitel 8: Feste, Veranstaltungen und lokale Kultur

Pilion ist mehr als nur ein Ort mit atemberaubender Natur und charmanten Dörfern. Es ist ein lebendiger, atmender Teppich aus Traditionen, Geschichten und Festen, die seit Jahrhunderten Bestand haben. Bei Ihrem Besuch werden Sie feststellen, dass die Kultur hier nicht nur etwas ist, das man beobachten kann – es ist etwas, das man fühlen, schmecken und mitmachen kann. Die Feste, die Musik, das Kunsthandwerk, sogar die religiösen Bräuche – sie alle erzählen eine Geschichte über die Menschen, die diesen Ort seit Generationen ihr Zuhause nennen. Vielleicht sind es die Berge, das Meer oder einfach nur der Rhythmus des Lebens hier, aber die Kultur von Pilion bewegt sich in einem Rhythmus, der gleichzeitig uralt und lebendig ist.

Ich erinnere mich, dass ich einmal völlig zufällig in ein Dorffest gestolpert bin. Es war später Nachmittag, und ich schlenderte gerade durch enge Kopfsteinpflasterstraßen, als plötzlich Musik die Luft erfüllte und die Tische mit Essen gedeckt waren und Gelächter aus den offenen Fenstern drang. Es war einer dieser Momente, in denen man merkt: Das ist kein Museum; Es ist ein Ort, an dem Menschen leben, feiern und ihr Erbe lebendig halten. Darum geht es in diesem Kapitel: um die Feste, die Musik, die Märkte und die Bräuche, die die Kultur von Pilion zu etwas machen, in das es sich lohnt, einzutauchen.

8.1 Jährliche Festivals, die Sie 2025 erleben sollten

Jedes Jahr findet auf Pilion ein reichhaltiger Veranstaltungskalender mit Festivals statt – einige sind so alt wie die Zeit, andere neuer, aber bereits sehr beliebt. Wenn Sie das Glück haben, während einer dieser Veranstaltungen hier zu sein, könnte es ein Höhepunkt Ihrer Reise werden. Und ehrlich gesagt, auch wenn Festivals normalerweise nicht dein Ding sind, haben die Feierlichkeiten von Pilion eine Art, dich in ihren Bann zu ziehen.

Eines der großen ist das **Kastanienfest von Pilion** , das Anfang Oktober im Dorf Agios Georgios Nileias stattfindet. Es ist eine charmante, rustikale Angelegenheit, bei der die Kastanienernte gefeiert wird, die vor Ort eine große Sache ist. Denken Sie an lange Tische, die mit gerösteten Kastanien, hausgemachten Pasteten, lokalem Wein und Volksmusik bedeckt sind, die alle zum Mitklatschen bringt. Ich erinnere mich an den Geruch der gerösteten Nüsse, der sich mit der frischen Herbstluft vermischte – allein das machte den Besuch unvergesslich. Vielleicht klingt es einfach, aber es hat etwas Magisches, wie Essen und Tradition hier zusammenkommen.

In den wärmeren Monaten erleuchtet **das Sommerfestival von Tsagarada** das Dorf mit Musik, Tanz und Open-Air-Konzerten. Es ist eine Mischung aus traditionellen und zeitgenössischen

Klängen. Ich ging zu einem, wo eine lokale Band alte griechische Lieder spielte, bei denen alle barfuß unter den Sternen tanzten. Die Energie war ansteckend, obwohl sie ruhiger wirkte, als ich erwartet hatte, verglichen mit den Partyszenen an der Küste anderswo in Griechenland.

Im Juli findet auch das **Fest der Heiligen Marina statt** , das in Dörfern wie Kissos besonders lebendig ist. Religiöse Feste vermischen hier in der Regel Spiritualität mit gemeinschaftlichen Feiern – eine Messe am Morgen, gefolgt von Tanz und gemeinsamen Mahlzeiten. Sie werden Einheimische in traditionellen Kostümen sehen, Kinder, die herumlaufen, Älteste, die Geschichten erzählen, alles unter der Sommersonne. Es fühlt sich an, als würde man in eine andere Zeit eintauchen, und doch ist es real, es passiert genau jetzt.

Und verpassen Sie nicht auch kleinere Dorffeste wie das **Honigfest in Makrinitsa** oder **die Olivenerntetage**. Sie stehen zwar nicht in den Touristenbroschüren, aber sie bieten eine tiefere, ruhigere Verbindung zu den Fahrrädern und dem Kunsthandwerk von Pilion. Wenn Sie in der richtigen Jahreszeit hier sind und über einen stolpern, lohnt es sich, eine Weile zu bleiben. Die Gastfreundschaft ist echt, vielleicht sogar ein bisschen schüchtern, aber sie ist da.

8.2 Traditionelle Musik, Tanz und Kunst in Pilion

Der Herzschlag der Kultur von Pilion ist vielleicht am besten durch die Musik und den Tanz zu spüren. Es ist nicht nur Unterhaltung; Es ist eine Art und Weise, wie Menschen seit Generationen Freude, Trauer und Geschichte ausdrücken. Und ehrlich gesagt, hier ein Volkslied live zu hören, kann überraschend bewegend sein, selbst wenn man kein Wort Griechisch spricht.

In der traditionellen Musik von Pilion gibt es oft Instrumente wie **Klarinette**, **Lyra** und **Laouto** (eine Art Laute). Diese Klänge weben sich durch die Bergluft und erzählen Geschichten von Liebe, Kampf und dem Land selbst. Ich erinnere mich, wie ich eines Abends vor einer Taverne in Portaria saß und die Musiker leise spielten, während die Sonne hinter den Hügeln unterging. Die Noten fühlten sich an wie ein Gespräch zwischen der Natur und den Menschen, intim und zeitlos.

Getanzt wird hier oft in Gruppen, Zirkel- oder Line Dances, bei denen alle mitmachen. Es handelt sich nicht nur um Performances, sondern um gemeinschaftliche Rituale, die manchmal Teil von Festivals, manchmal auch nur spontane Momente nach dem Essen sind. Wenn man sich die Stufen ansieht, merkt man, wie sie von Dorf zu Dorf variieren, jede mit ihrem eigenen Rhythmus und Flair. Du denkst vielleicht, dass es nur um Bewegung geht, aber es geht auch um Verbindung, darum, Teil von etwas zu sein, das größer ist als man selbst.

Die Künstler in Pilion halten auch Traditionen durch Kunsthandwerk am Leben – Holzschnitzerei, Weberei und Töpferei. In vielen Dörfern gibt es Werkstätten, in denen Sie diese Fähigkeiten beobachten oder sogar ausprobieren können. In

Makrinitsa zum Beispiel gibt es eine kleine Gemeinschaft von Kunsthandwerkern, die Techniken bewahren, die von Familie zu Familie weitergegeben werden. Ihre Arbeit besteht nicht nur aus Souvenirs; Es ist ein lebendiges Erbe, das mit Sorgfalt und Geschichten hergestellt wurde. Ich bin oft erstaunt, wie sich dieses Handwerk wie ein Dialog zwischen Vergangenheit und Gegenwart anfühlt, sich anzupassen und doch verwurzelt zu sein.

Und natürlich lassen sich moderne Pilion-Künstler oft von diesen Traditionen inspirieren und vermischen alte Motive mit neuen Formen. Hier finden Sie Galerien, die zeitgenössische Kunst neben Volksausstellungen zeigen, eine Erinnerung daran, dass die Kultur hier nicht eingefroren ist, sondern sich weiterentwickelt.

8.3 Lokale Märkte und Kunsthandwerksmessen

Die Märkte in Pilion sind nicht nur Orte, an denen man Dinge kaufen kann. Sie sind soziale

Treffpunkte, an denen sich Einheimische treffen, Geschichten ausgetauscht werden und Aromen platzen. Wenn Sie einen echten Eindruck vom täglichen Leben von Pilion bekommen möchten, ist der Besuch eines Marktes oder eines Kunsthandwerksmarktes ein Muss.

Wochenmärkte in den Dörfern, wie der in Volos oder Zagora, bieten eine Fülle von frischen Produkten – Äpfel, Kirschen und natürlich Kastanien, wenn es Saison hat. Wenn du hindurchgehst, findest du vielleicht Bauern, die Honig, Kräuter, hausgemachten Käse und Oliven verkaufen, die nicht so schmecken wie die in deinem Supermarkt zu Hause. Es geht aber nicht nur um Lebensmittel. Auf lokalen Märkten gibt es oft Stände mit handgefertigten Textilien, bestickter Bettwäsche und Holzutensilien. Vielleicht siehst du eine ältere Frau, die ihre selbstgemachten Kräutertees verkauft, oder einen jungen Handwerker mit handgeworfenen Töpferwaren.

Kunsthandwerksmärkte, insbesondere während der Festivalsaison, bringen ein breiteres Spektrum von Kunsthandwerkern aus ganz Pilion und darüber hinaus zusammen. Ich erinnere mich an einen Jahrmarkt in Portaria, auf dem sich die Tische mit handgeflochtenen Körben, geschnitztem Holzspielzeug und zarten Spitzenarbeiten stapelten. Es fühlte sich an, als würde man in eine Schatztruhe treten, in der jedes Stück eine Geschichte von Geschicklichkeit und Geduld erzählt. Es hat etwas, ein Objekt in der Hand zu halten, das von den Händen einer Person hergestellt wurde – in dem Wissen, dass sie es mit Sorgfalt geformt hat –, das man bei massenproduzierten Souvenirs einfach nicht bekommen kann.

Vielleicht ist der beste Teil dieser Märkte nicht das Einkaufen, sondern die Möglichkeit, mit den Machern zu sprechen. Viele erzählen gerne, wie sie ihr Handwerk gelernt haben, was sie inspiriert hat oder welche Wildkräuter sie gerade an diesem Morgen gepflückt haben. Ich denke, das ist die

Essenz der Märkte von Pilion – menschliche Verbindungen ebenso wie Handel.

8.4 Religiöse Feste und einzigartige Bräuche

Die Religion in Pilion ist tief in das soziale Gefüge verwoben und verbindet orthodoxe christliche Traditionen mit lokalen Bräuchen, deren Wurzeln Jahrhunderte zurückreichen. Die religiösen Feiern hier sind nicht nur formelle Rituale – sie sind gemeinschaftliche Erlebnisse voller Wärme und Bedeutung.

Einer der markantesten Aspekte ist, dass viele Dörfer ihre eigenen Patronatsfeste haben, die für die Einheimischen ein riesiges Ereignis sind. Der **Festtag von Agios Nikolaos** zum Beispiel zieht Menschenmengen mit Prozessionen, Mahnwachen bei Kerzenschein und Gottesdiensten an, die sowohl feierlich als auch feierlich wirken. Auch wenn Sie nicht religiös sind, bietet die Teilnahme an diesen Zeremonien einen Einblick in das Herz der Gemeinschaft.

Einzigartige Bräuche prägen auch das tägliche Leben – wie das Backen von speziellem Brot oder Gebäck, das an religiöse Feiertage gebunden ist und von Familien und Nachbarn geteilt wird. Während **der Osterzeit** zum Beispiel bricht Pilion in eine lebendige Pracht von Traditionen aus: Mitternachtsmessen, rot gefärbte Eier und festliche Feste. Einmal nahm ich an einem Osteressen mit der Familie teil, bei dem die Atmosphäre sowohl fröhlich als auch nachdenklich war und das Gefühl für die Geschichte spürbar war.

Einige Bräuche fühlen sich überraschend lokal an, wie die **"Kavourakia"**, kleine verbrannte Brotstücke, die bei Hochzeiten als Glücksbringer geworfen werden, oder das Anzünden von Öllampen zum Gedenken an die Vorfahren. Diese kleinen Taten mögen einfach erscheinen, tragen aber Bedeutungsschichten in sich und verbinden vergangene Generationen mit der Gegenwart.

Was mich am meisten beeindruckt hat, ist, dass es bei diesen religiösen Praktiken weniger um starre

Regeln als vielmehr um Zugehörigkeit geht – um Teil einer Gemeinschaft zu sein, Momente der Reflexion, des Feierns und sogar der Trauer zu teilen. Die Bräuche von Pilion mögen manchmal ruhig oder unaufdringlich erscheinen, aber sie haben eine Kraft, die die Gemeinschaft zusammenhält.

Pilion zu besuchen bedeutet, in mehr als nur Landschaften einzutauchen. Es bedeutet, in eine Kultur einzutauchen, die durch ihre Festivals, Musik, Märkte und Bräuche lebt und atmet. Vielleicht werden Sie in einen Tanzkreis hineingezogen, teilen Brot mit Fremden oder sitzen still in einer jahrhundertealten Kirche. Die Erlebnisse hier kündigen sich nicht immer laut an; Oft kommen sie leise und hinterlassen Erinnerungen, die noch lange nach Ihrer Abreise nachwirken.

Und vielleicht ist das der Grund, warum sich Pilion anders anfühlt – weniger wie ein Touristenziel, sondern eher wie ein Ort, der einen nach Hause einlädt, wenn auch nur für eine kurze Zeit.

Kapitel 9: Praktische Tipps für eine reibungslose Reise

Eine Reise an einen Ort wie Pilion fühlt sich an, als würde man in ein Gemälde eintauchen – wo Berge auf Meer treffen und traditionelle Dörfer einen Einblick in die zeitlose Seele Griechenlands bieten. Aber abgesehen von der Schönheit und den Abenteuern gibt es auch die praktische Seite des Reisens, über die man manchmal stolpern kann, wenn man nicht vorbereitet ist. In diesem Kapitel geht es darum, Ihre Reise reibungslos, stressfrei und so angenehm wie möglich zu gestalten, indem Sie sich auf einige wesentliche Dinge konzentrieren: Geldangelegenheiten, Sicherheit und Gesundheit, Sprachkenntnisse und wie man in dieser wunderschönen Region verantwortungsbewusst reist.

9.1 Geldangelegenheiten: Geldautomaten, Geldwechsel und Trinkgeld

Geld ist eines der Dinge, über die jeder nachdenkt, über die sich aber niemand im Urlaub gerne stresst. Griechenland verwendet den Euro (€), und Pilion ist da keine Ausnahme. Es schien mir einfach genug, aber ich erinnere mich, dass ich mich vor meiner Ankunft gefragt habe, wie man am besten an Bargeld kommt, wie man mit Trinkgeldern umgeht und was man von den Zahlungsmethoden erwarten kann. Hier ist also, was Sie wissen sollten.

Erstens sind Geldautomaten in den größeren Dörfern und Städten von Pilion wie Volos, Portaria und Makrinitsa weit verbreitet. Aber, Achtung: In kleineren, abgelegeneren Dörfern können Geldautomaten rar oder manchmal außer Betrieb sein. Das ist mir in Tsagarada passiert – ich musste vorausplanen, um nicht zu kurz zu kommen. Es ist also eine gute Idee, genügend Bargeld in größeren Zentren abzuheben, bevor Sie tiefer in die Berge oder weniger besiedelte Gebiete vordringen.

Wenn es um den Geldwechsel geht, habe ich ehrlich gesagt, dass es einfacher ist, Geld zu wechseln, bevor man in Griechenland oder in Großstädten wie Athen oder Thessaloniki ankommt, als das Umtauschen in den kleineren Geschäften oder Banken von Pilion. Wenn Sie jedoch Bargeld vor Ort umtauschen müssen, bieten die Banken in Volos in der Regel vernünftige Tarife an, aber achten Sie auf Provisionsgebühren. Einige Touristengeschäfte und Hotels bieten auch Wechselstuben an, aber die Preise sind oft weniger günstig. Ehrlich gesagt, wenn Sie vermeiden können, Geld an zufälligen Kiosken zu wechseln, ist es besser.

Kredit- und Debitkarten werden in vielen Restaurants, Hotels und Geschäften akzeptiert, insbesondere in beliebten Dörfern und Küstenstädten. Allerdings akzeptieren einige kleine familiengeführte Tavernen oder Geschäfte möglicherweise nur Bargeld. Es ist also ratsam, ein paar Euro in bar mit sich zu führen. Kontaktloses Bezahlen ist nach der Pandemie immer häufiger geworden, aber verlassen Sie sich nicht überall darauf. Mir ist aufgefallen, dass an einigen Orten in Makrinitsa und Milies immer noch ausschließlich Bargeld verlangt wird.

Trinkgeld ist in Griechenland willkommen, aber nicht obligatorisch. Im Allgemeinen ist es in Restaurants und Cafés üblich, die Rechnung aufzurunden oder 5-10 % für guten Service zu lassen. Manchmal, wenn man in einer lokalen Taverne ist, in der die Besitzer freundlich sind und die Extrameile gehen, fühlt sich ein bisschen mehr richtig an. Taxifahrer erwarten kein Trinkgeld, aber es ist höflich, den Fahrpreis aufzurunden. Für Hotelpersonal und Reiseleiter sind kleine Trinkgelder willkommen, aber machen Sie sich keinen Stress wegen der genauen Beträge. Ehrlich gesagt, habe ich oft einfach das verlassen, was sich im Moment fair anfühlte.

Eine kleine Sache, die ich gerne früher gewusst hätte: Seien Sie sich der Auslandseinsatzgebühren Ihrer Bank und der Abhebungsgebühren am Geldautomaten bewusst. Diese können sich schnell summieren, insbesondere wenn Sie mehrere kleine Abhebungen vornehmen. Es kann sich lohnen, sich bei Ihrer Bank nach reisefreundlichen Karten zu erkundigen oder sie über Ihre Reise zu informieren, um Einfrieren oder Betrugswarnungen auf Ihrer Karte zu vermeiden. Ich erinnere mich an einen Moment der Panik, als meine Karte vorübergehend gesperrt wurde, und das hätte mit einem kurzen Anruf nach Hause vermieden werden können.

Zusammenfassend lässt sich also sagen: Tragen Sie etwas Bargeld bei sich, wissen Sie, wo sich die zuverlässigen Geldautomaten befinden, verwenden Sie Karten, wenn Sie können, und geben Sie weiterhin ein einfaches und herzliches Trinkgeld. Geld muss hier nicht kompliziert sein, aber ein wenig Planung kann viel bewirken.

9.2 Sicherheit und Gesundheit: Notfallkontakte und medizinische Einrichtungen

Niemand möchte im Urlaub an Notfälle denken, aber ein wenig Vorbereitung kann wirklich einen Unterschied machen – vor allem in einer Bergregion wie Pilion, wo sich einige Dörfer wunderbar abgelegen anfühlen, aber zur Not schwieriger zu erreichen sind.

Erstens ist Pilion im Allgemeinen sehr sicher. Die Einheimischen sind warmherzig, die Kriminalitätsrate ist niedrig und Reisende fühlen sich in der Regel sicher, wenn sie Tag und Nacht herumlaufen. Dennoch gilt der gesunde Menschenverstand überall. Bewahren Sie Ihre Sachen in belebteren Gegenden oder auf Märkten in der Nähe auf und lassen Sie Wertsachen nicht unbeaufsichtigt am Strand oder in Ihrem Auto. Ich fühlte mich nirgends unwohl, aber ich bemerkte ein paar Touristen, die etwas nachlässig mit ihren

Sachen umgingen. Das verlangt wirklich nur nach Ärger überall.

Für Notfälle finden Sie hier einige wichtige Nummern, die Sie auf Ihrem Telefon speichern oder aufschreiben sollten:

- Europäische Notrufnummer: 112
- Örtliche Polizei in Volos: +30 24210 93100
- Medizinischer Notfall (Krankenwagen): 166
- Feuerwehr: 199

Es mag übertrieben klingen, diese auswendig zu lernen, aber es ist ein guter Seelenfrieden. Ich erinnere mich, dass ich mich ein wenig beruhigt fühlte, weil ich wusste, dass ich diese Kontakte gespeichert hatte, nur für den Fall.

Was die medizinischen Einrichtungen betrifft, so ist Volos die größte Stadt in der Nähe von Pilion und verfügt über das am besten ausgestattete Krankenhaus und die Kliniken in der Region. Wenn Sie ernsthafte gesundheitliche Bedenken haben, möchten Sie wahrscheinlich in der Nähe von Volos bleiben oder wissen, wie Sie schnell dorthin gelangen. In kleineren Städten wie Portaria und Makrinitsa gibt es lokale Gesundheitszentren und Apotheken, die sich um kleinere Verletzungen, häufige Krankheiten oder das Nachfüllen von Medikamenten kümmern können. Es ist gut zu wissen, dass einige Ärzte in diesen Zentren Englisch sprechen, aber nicht alle – daher kann es hilfreich sein, eine Übersetzungs-App oder einen Sprachführer zu haben.

Apotheken in Pilion sind recht zuverlässig und in der Regel tagsüber geöffnet. In vielen Städten gibt es wechselnde Bereitschaftsapotheken für Abende und Wochenenden, aber es lohnt sich, Ihr Hotel oder die Einheimischen nach der nächstgelegenen Apotheke zu fragen, falls Sie nach Feierabend etwas brauchen. Ich erinnere mich an eine Zeit, in der ich dringend Sonnencreme brauchte, und der örtliche Apotheker half mir nicht nur, sondern gab mir zusätzliche Ratschläge, wie ich Sonnenbrand in der Bergsonne vermeiden kann – so eine freundliche Geste.

Wenn Sie verschreibungspflichtige Medikamente einnehmen, bringen Sie genug für Ihre Reise und, wenn möglich, eine Kopie Ihres Rezepts mit. Die Apotheken hier können einige Medikamente nachfüllen, aber das ist nicht für alle Arten garantiert. Außerdem wird dringend empfohlen, eine Reiseversicherung abzuschließen, die die Gesundheitsversorgung und die Evakuierung im Notfall abdeckt – insbesondere, wenn Sie Outdoor-Aktivitäten wie Wandern oder Mountainbiken planen.

Apropos Sicherheit bei Abenteuern: Einige Pilion-Trails können steil oder rutschig sein, vor allem nach Regen. Tragen Sie geeignetes Schuhwerk und fordern Sie sich nicht zu sehr auf, wenn Sie kein erfahrener Wanderer sind. Es ist leicht, sich zu verlaufen, wenn Sie von markierten Pfaden abweichen. Ich bin einmal auf einem Trail in der Nähe von Agios Ioannis falsch abgebogen, und obwohl es nicht gefährlich war, hat es mich daran erinnert, wie schnell es ohne richtige Vorbereitung knifflig werden kann.

Schließlich wurden die COVID-19-Protokolle gelockert, aber es ist immer noch eine kluge Idee, sich über die lokalen Gesundheitsrichtlinien auf dem Laufenden zu halten. In einigen Innenräumen kann eine Maskenpflicht gelten, und die Impf- oder Testanforderungen können je nach Herkunfts- oder Transitland variieren. Es ist am besten, die offizielle griechische Regierung oder die Tourismus-Websites kurz vor Ihrem Abreisedatum zu überprüfen.

Mit ein wenig Weitsicht können Sie Pilion also sorgenfrei genießen und sich auf die atemberaubende Landschaft und die herzliche Gastfreundschaft konzentrieren.

9.3 Sprachtipps und nützliche griechische Sätze für Reisende

Wenn ich durch die verwinkelten Steinstraßen von Pilion spazierte, umgeben von Einheimischen, die sich in melodischem Griechisch unterhielten, wünschte ich mir oft, ich würde nur ein bisschen mehr von der Sprache wissen. Während viele Griechen Englisch sprechen, vor allem jüngere

Menschen und Menschen im Tourismus, ist das Wissen über einige grundlegende griechische Sätze eine schöne Möglichkeit, Kontakte zu knüpfen und Respekt zu zeigen.

Griechisch mag auf den ersten Blick mit seinem ungewohnten Alphabet und seinen Klängen einschüchternd wirken, aber lassen Sie sich davon nicht abhalten. Die meisten Einwohner von Pilion schätzen jeden Versuch, ihre Sprache zu sprechen – auch wenn es nur ein einfaches "Hallo" oder "Danke" ist.

Hier sind einige nützliche Sätze, die Ihnen das Leben erleichtern und Ihre Interaktionen wärmer machen können:

- **Hallo / Guten Tag** – *Kalimera* (Guten Morgen)
- **Guten Abend** – *Kalispera* (Guten Abend)
- **Auf Wiedersehen** – *Antio* (antio) oder lässiger *Yasou* (hallo)
- **Bitte** – *Parakaló* (bitte)

- **Danke** – *Efharistó* (Danke)
- **Ja** – *Ja* (ja)
- **Nein** – *Ohi* (nein)
- **Entschuldigung / Entschuldigung** – *Signomi* (sorry)
- **Wie viel kostet das?** – *Poso kanei?* (Wie viel verdient es?)
- **Wo ist...?** – *Pou einai...?* (Wo ist er...;)
- **Ich verstehe nicht** – *Den katalavaino* (Ich verstehe nicht)
- **Sprechen Sie Englisch?** – *Milate Anglika?* (Sprechen Sie Englisch?)

Ich fand, dass das erste Wort "Kalimera" beim Betreten von Geschäften oder Cafés in der Regel ein Lächeln hervorrief und manchmal ein freundliches Gespräch auslöste. Es schien zeitweise ruhiger zu sein, als ich erwartet hatte, aber ein fröhlicher Gruß öffnete Türen.

Auch das Erlernen ein paar Zahlen hilft, vor allem beim Einkaufen oder Bestellen von Lebensmitteln. Hier ist ein kurzer Überblick:

- Eins — *Ena* (eins)
- Zwei — *Dio* (zwei)
- Drei — *Tria* (drei)
- Zehn — *Deka* (zehn)

Wenn Sie in Tavernen bestellen, ist ein höfliches *"Parakaló"*, gefolgt von Ihrer Anfrage, sehr hilfreich. Zum Beispiel: *"Mia souvlaki parakaló"* (ein Souvlaki, bitte). Wenn Sie sich ein bisschen abenteuerlustig fühlen, könnten Sie nach den lokalen Spezialitäten auf Griechisch fragen.

Machen Sie sich nicht zu viele Gedanken über die perfekte Aussprache. Die meisten Einheimischen sind geduldig und ermutigend, wenn Ausländer es versuchen. Außerdem können Körpersprache, Lächeln und ein bisschen Geduld viel bewirken. Ich ertappte mich oft dabei, wie ich Wörter verwechselte oder sie mitten im Satz vergaß, aber allein die Anstrengung machte einen Unterschied.

Wenn du tiefer einsteigen möchtest, bieten einige Sprach-Apps grundlegende Griechisch-Lektionen an. Schon fünf Minuten am Tag vor Ihrer Reise können Ihr Selbstvertrauen stärken.

Bewaffnet mit einer Handvoll Phrasen und einer freundlichen Haltung werden Sie die Menschen in Pilion gastfreundlicher finden, als Sie vielleicht erwarten.

9.4 Nachhaltige und verantwortungsvolle Tourismuspraktiken

Ein Besuch auf Pilion ist wie das Betreten eines fragilen, wunderschönen Ökosystems. Die Berge, Wälder und die Küste sind auf die Fürsorge von Einheimischen und Besuchern angewiesen, um auch für kommende Generationen lebendig zu bleiben. Es ist einer der Orte, an denen der Tourismus einen großen Unterschied machen kann – nicht nur wirtschaftlich, sondern auch ökologisch und kulturell.

Ich erinnere mich, dass ich bei meinem Besuch daran dachte, wie einfach es war, die Geschenke von Pilion zu genießen und dabei seine Grenzen zu respektieren. Hier erfahren Sie, wie Sie das Gleiche tun können.

Erstens: Respektieren Sie die natürliche Umwelt. Halten Sie sich beim Wandern an markierte Wege, um Pflanzen nicht zu beschädigen oder Wildtiere zu stören. Wenn Sie Wasserfälle oder Strände besuchen, nehmen Sie Ihren Müll mit. Es mag selbstverständlich klingen, aber ich habe ein paar unachtsame Momente gesehen, die hätten vermieden werden können. Die Schönheit von Pilion hängt davon ab, dass jeder Besucher seinen Teil dazu beiträgt.

Unterstützen Sie lokale Unternehmen. Wählen Sie familiengeführte Tavernen, Gästehäuser in lokalem Besitz und Geschäfte, die handgefertigte oder lokale Produkte verkaufen. Dies trägt dazu bei, die lokale

Wirtschaft stark zu halten und Traditionen zu bewahren. Ich habe versucht, Honig und Olivenöl direkt von den Erzeugern statt im Supermarkt zu kaufen – das fühlte sich authentischer und bedeutungsvoller an.

Wenn es um den Wasser- und Energieverbrauch geht, denken Sie daran, dass Berggebiete manchmal nur über begrenzte Ressourcen verfügen. Lassen Sie keine Wasserhähne laufen und verschwenden Sie keinen Strom. Einfache Maßnahmen wie die Wiederverwendung von Handtüchern in Hotels oder das Ausschalten des Lichts, wenn es nicht benötigt wird, sind einfache Möglichkeiten, um zu helfen.

Vermeiden Sie Einwegplastik. Bringen Sie eine wiederverwendbare Wasserflasche, Beutel und Behälter mit, wenn Sie können. Griechenland hat Fortschritte gemacht, um Plastikmüll zu reduzieren, und Reisende, die sich den Bemühungen anschließen, helfen wirklich.

Achten Sie auf lokale Bräuche und kulturelle Normen. Kleiden Sie sich bescheiden, wenn Sie

Kirchen oder religiöse Stätten besuchen. Fragen Sie um Erlaubnis, bevor Sie Menschen fotografieren, insbesondere in Dörfern, in denen Privatsphäre wichtig ist. Ich fand, dass dieser Respekt die Verbindungen, die ich mit den Einheimischen geknüpft habe, vertieft hat.

Und schließlich sollten Sie mit Bedacht reisen. Der Charme von Pilion beruht auf seiner Langsamkeit und seiner echten Gastfreundschaft. Versuchen Sie, es nicht zu hetzen oder zu viel zu planen. Manchmal passieren die besten Momente, wenn man innehält, zuhört und die Umgebung in sich aufnimmt.

Bei Nachhaltigkeit geht es nicht darum, perfekt zu sein, sondern darum, bewusst und fürsorglich zu sein. Die Zukunft von Pilion hängt von uns allen ab, die wir kommen, um vorsichtig zu sein und einen positiven Fußabdruck zu hinterlassen.

Wenn Sie mit diesen praktischen Tipps im Hinterkopf nach Pilion reisen, werden Sie sich während Ihrer Reise sicherer und verbundener fühlen. Es ist ein Ort, der diejenigen belohnt, die sich vorbereiten, aber auch Spontaneität und Entdeckungen begrüßt. Geld in der Hand, Sicherheit gewährleistet, Sprache erleichtert und Verantwortung übernommen – Sie sind bereit für ein Abenteuer, das ebenso reibungslos wie unvergesslich ist.

Kapitel 10: Tagesausflüge und Ziele in der Nähe

Eine Reise durch Pilion ist ein Erlebnis, das reich an Kultur, Natur und Geschichte ist, aber manchmal ist es schön, sich die Beine ein wenig weiter zu vertreten. Egal, ob Sie sich nach einer lebendigen Stadtatmosphäre, atemberaubenden Klöstern oder ruhigen Stränden sehnen, die Region um Pilion bietet eine Fundgrube an Tagesausflügen, die Ihr Bergabenteuer perfekt ergänzen. Lassen Sie uns einige dieser Juwelen in der Nähe erkunden – Orte, die sich wie eine Erweiterung des Charmes von Pilion anfühlen, aber mit ihren eigenen Aromen.

10.1 Erkundung von Volos: Gateway City nach Pilion

Volos ist mehr als nur ein bequemer Ausgangspunkt für Pilion – es ist eine pulsierende Stadt, die mühelos modernes Leben mit tief verwurzelten Traditionen verbindet. Ehrlich gesagt erinnere ich mich, dass ich mit einer gewissen Erwartung dort ankam: geschäftiger Hafen, ein paar Geschäfte und schnelle Verbindungen zu den Bergdörfern. Aber Volos hat mich überrascht.

Die Uferpromenade ist lebhaft, aber entspannt, gesäumt von Cafés und Fischtavernen, in denen der Duft von gegrilltem Fisch in der salzigen Luft weht. Es ist die Art von Ort, an dem sich die Einheimischen zum Nachmittagskaffee oder abendlichen Ouzo treffen und man sich willkommen fühlt, auch als Reisender. Der Hafen selbst ist voller Fähren, die Volos mit den Sporaden verbinden, was ihn zu einem strategischen Ort für weitere Erkundungen macht.

Bei einem Spaziergang bemerkt man die Mischung aus Alt und Neu in der Stadt. Traditionelle neoklassizistische Gebäude stehen neben moderner Architektur, während Überreste der industriellen Vergangenheit auf subtile Weise durchscheinen. Die Stadt hat den Ruf, ein Tor zu sein, ja, aber sie ist auch ein sich entwickelndes kulturelles Zentrum mit Museen wie dem Archäologischen Museum von

Volos und dem Museum für zeitgenössische Kunst. Diese sind perfekt für alle, die die reiche Geschichte und den kreativen Puls der Region verstehen möchten.

Die Fortbewegung in Volos ist unkompliziert. Es ist zu Fuß erreichbar und öffentliche Busse verbinden die wichtigsten Bereiche gut. Wenn Sie etwas Zeit haben, können Sie durch die Fußgängerzonen schlendern, was Sie zu kleinen Geschäften führt, in denen lokale Produkte wie Olivenöl und handgewebte Textilien verkauft werden – ein schönes Aufwärmen, bevor Sie tiefer in Pilion vordringen.

Die Food-Szene verdient ihr eigenes Lob. Pilion ist bekannt für seine kulinarischen Köstlichkeiten, aber Volos wertet dies mit täglich gefangenen frischen Meeresfrüchten auf. Ich erinnere mich, wie ich in einer kleinen Taverne in der Nähe des Hafens saß und Saganaki und frischen Tintenfisch genoss, während ich den Sonnenuntergang beobachtete, der den Himmel in Orange- und Lilatönen färbte. Es fühlte sich an wie die perfekte Pause vor dem bevorstehenden Bergabenteuer.

Wenn Sie mit dem Flugzeug anreisen, ist der Flughafen Volos Nea Anchialos die nächstgelegene Landebahn, nur eine kurze Fahrt von Pilion entfernt. Für diejenigen, die über Thessaloniki oder Athen kommen, sind Busse und Züge leicht zu erreichen, obwohl ein Mietwagen hier die Freiheit bietet, die Stadt in Ihrem eigenen Tempo zu erkunden.

Volos mag wie ein Durchgangspunkt erscheinen, aber nehmen Sie sich die Zeit, um zu schlendern, zu essen und seine Energie aufzunehmen. Es ist eine authentische Stadt, und für mich gab sie den Ton für alles an, worum es in Pilion ging – geerdet, lebendig und einladend.

10.2 Magical Meteora: Klöster am Himmel

Ein Tagesausflug nach Meteora fühlt sich fast wie aus einer anderen Welt an. Diese UNESCO-Weltkulturerbestätte, etwa zwei Stunden nördlich von Pilion, ist ein Muss für jeden, der sich für

Geschichte, Religion oder einfach nur atemberaubende Landschaften interessiert.

Ich erinnere mich, wie ich zum ersten Mal nach oben schaute und diese alten Klöster entdeckte, die gefährlich auf massiven Felssäulen thronten. Der ganze Anblick ist atemberaubend – es hat etwas Demütiges, wie Menschen solch komplizierte Strukturen an so unzugänglichen Orten errichtet haben. Es ist nicht nur die Architektur, sondern auch die spirituelle Atmosphäre, die nachklingt, wenn Sie die Wege gehen.

Die Anreise ist mit dem Auto oder einer organisierten Tour von Pilion aus machbar, und ehrlich gesagt, ist es die Mühe wert. Die Fahrt selbst bietet einen Einblick in das griechische Landleben, kleine Dörfer und sanfte Hügel, bevor Sie auf die dramatischen Felsformationen treffen.

Sobald Sie angekommen sind, besteht die Herausforderung darin, sich für die Klöster zu entscheiden, die Sie besuchen möchten. Es gibt sechs aktive Unternehmen, von denen jede ihren eigenen Charakter und ihre eigene Geschichte hat. Einige haben Fresken, die Jahrhunderte alt sind; Andere bieten einen Panoramablick auf das Tal, der sich anfühlt, als würde man in ein Gemälde treten.

Das Wandern auf den Wegen zwischen ihnen kann überraschend anstrengend sein, bringen Sie also bequeme Schuhe und Wasser mit. Aber die Belohnung? Stille Momente in diesen Klöstern, in denen man die Jahrhunderte des Gebets und der Kontemplation fast spüren kann. Die Stille wird gelegentlich durch Vogelgezwitscher oder das leise Murmeln der Besucher unterbrochen, aber insgesamt ist es ein friedlicher, besinnlicher Ort.

Ein Besuch auf Meteora ist nicht nur Sightseeing; Es ist eine Chance, aus dem üblichen Touristenerlebnis herauszutreten und sich mit etwas Zeitlosem zu verbinden. Manche mögen sagen, dass es eine spirituelle Reise ist, andere einfach nur eine spektakuläre Wanderung mit Geschichte. Ich denke, es ist ein bisschen von beidem, und deshalb bleibt es im Gedächtnis.

10.3 Die Strände von Skiathos und Skopelos

Wenn Sie sich nach der Erkundung der üppigen Berge von Pilion nach Sonne und Meer sehnen, sind die nahe gelegenen Sporadeninseln ein perfekter Rückzugsort. Skiathos und Skopelos sind die beiden bekanntesten Inseln in der Nähe von Pilion, die mit einer kurzen Fährfahrt von Volos oder den nahe gelegenen Häfen aus erreichbar sind.

Skiathos ist das lebhaftere der beiden und berühmt für sein pulsierendes Nachtleben und seine langen Sandstrände. Aber lassen Sie sich nicht täuschen – es gibt auch viele ruhigere Plätze. Ich erinnere mich, wie ich an einem hellen Morgen ankam und angenehm überrascht war, wie friedlich einige Buchten waren, besonders früh am Tag, bevor sich die Menschenmassen versammelten. Der Strand von Koukounaries mit seinem kristallklaren Wasser und den Pinienwäldern im Hintergrund wird oft als einer der besten Strände Griechenlands gepriesen – und er wird dem Hype gerecht.

Skopelos hingegen wirkt entspannter und traditioneller. Der Charme der Insel liegt in ihrem langsameren Tempo, malerischen Dörfern mit weiß getünchten Häusern und dramatischen Klippen, die ins Meer abfallen. Strände wie Panormos und Milia sind atemberaubend und bieten eine unberührte, ruhige Atmosphäre. Das Grün der Insel fühlt sich fast tropisch an, mit Pinien, die sich bis an den Rand des Wassers erstrecken.

Die Fähren zwischen Volos und diesen Inseln verkehren regelmäßig in den wärmeren Monaten, aber die Fahrpläne können in der Zwischensaison weniger vorhersehbar sein, daher ist es ratsam, im Voraus zu prüfen. Einen Roller oder ein kleines Auto auf den Inseln zu mieten, ist der beste Weg, um versteckte Strände und Dörfer im Landesinneren zu erkunden.

Was mich beeindruckte, war, wie einfach es war, die Strandzeit mit ein wenig lokalem Leben zu verbinden – in kleinen Tavernen anzuhalten, um frische Meeresfrüchte zu kaufen, oder durch malerische Straßen voller Bougainvillea und Blumentöpfe zu schlendern. Die Inseln ergänzen das Pilion-Erlebnis perfekt und bieten die Möglichkeit, sich am Meer zu entspannen, ohne das Gefühl des Ortes zu verlieren.

10.4 Naturparks und Wanderwege außerhalb von Pilion

Während die eigenen Wanderwege von Pilion legendär sind, verbirgt die Region um sie herum noch mehr natürliche Schönheit, die es wert ist, erkundet zu werden, wenn Sie die Zeit dazu haben. In der Nähe gibt es mehrere Naturparks und Wandergebiete, die jeweils ein etwas anderes Erlebnis bieten.

Einer dieser Orte ist das Tal von Tempe, eingebettet zwischen dem Olymp und dem Berg Ossa, etwa anderthalb Stunden von Pilion entfernt. Es ist ein üppiges, enges Tal, durch das ein Fluss fließt und das von steilen Klippen umgeben ist. Wenn man hier spazieren geht, fühlt man sich wie in einen geheimen Garten – es herrscht eine Ruhe, die man heutzutage nur noch selten hat. Die Wege sind gut markiert, aber stellen Sie sich auf unebenes Gelände ein.

In der Nähe von Volos bietet das Gebiet von Agios Lavrentios sanftere Wanderungen durch Olivenhaine und kleine Kapellen. Es ist weniger touristisch, so dass Sie möglicherweise allein in der Natur sind und nur Vögel und den Wind hören. Ich erinnere mich, dass ich dachte, wie überraschend grün und fruchtbar diese Gegend war – fast ein Kontrast zu den felsigen Hängen des Pilion.

Für diejenigen, die sich für Flora und Fauna interessieren, sind die nahe gelegenen Feuchtgebiete von Alikes Volos einen Besuch wert, insbesondere für Vogelbeobachter. Die Feuchtgebiete ziehen Zugvögel an und bieten einen ruhigen Rückzugsort, ganz anders als die Berglandschaften.

Wenn Sie einen ganzen Tag lang Lust auf Abenteuer haben, ist es machbar, etwas weiter zum Mount Olympus National Park zu fahren. Er ist der höchste

Gipfel Griechenlands und Heimat einer reichen Mythologie und vielfältiger Ökosysteme. Das Wandern hier ist anspruchsvoller, aber lohnend mit dramatischen Aussichten und einem Gefühl der Erhabenheit. Es ist eine andere Atmosphäre als in Pilion, aber immer noch tief verbunden durch den Geist der griechischen Berge.

Diese nahe gelegenen Parks und Wanderwege bieten Abwechslung in Ihrer Pilion-Reise, egal ob Sie gemütliche Spaziergänge oder anspruchsvollere Wanderungen wünschen. Sie erinnern Sie daran, dass die natürliche Schönheit Griechenlands vielschichtig und weitreichend ist – es gibt immer einen anderen Weg zu entdecken, eine andere Aussicht, die Ihnen den Atem raubt.

Printed in Poland
by Amazon Fulfillment
Poland Sp. z o.o., Wrocław

55022851R00087